［遊び尽くし］

妻家房の韓国家庭料理

Oh Yonug Seok　Ryu Hyung Hee
呉 永錫　柳 香姫

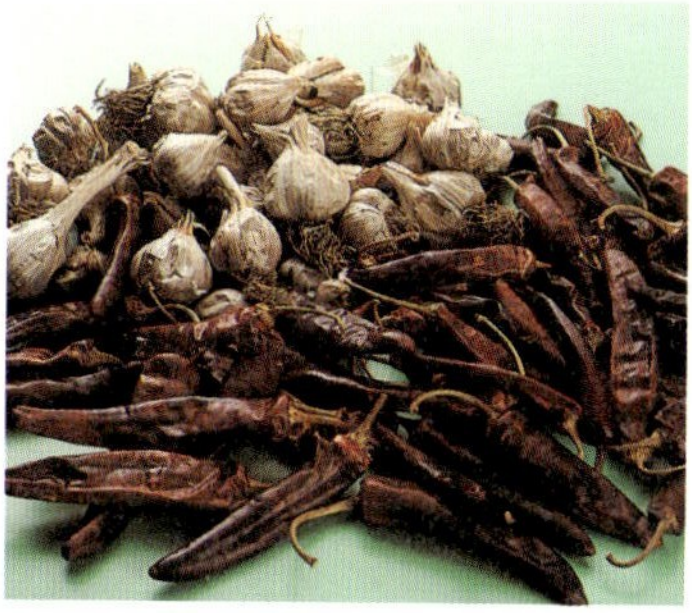

創森社

韓国料理の極意は〝野菜〟にあり ～序に代えて～

今や専門店に行かなくても、たいていのスーパーの漬けものコーナーに、キムチが並んでいます。焼き肉の人気も相変わらず高く、みなさんが韓国料理といったら真っ先に思い浮かべるのが、キムチと焼き肉ではないでしょうか。でも、私たちが日々食べている韓国家庭料理は、実に多彩です。日本と同じように四季があって、その豊かな季節の実りを食生活に取り入れています。

焼き肉の印象が強いので、韓国料理はどうしても肉食中心と思われがちですが、さにあらず。実は、韓国は世界で一番野菜を食べる国といわれるほどで、野菜なしには食事が始まりません。肉や魚介類、また、ごはんなどをサンチュやエゴマの葉に包んで食べますし、あらゆる野菜でつくるキムチをはじめ、加熱した野菜を和えたナムル、生野菜の和えものであるセンチェ、さらに炒めものや煮もの、蒸しものにと幅広く野菜が使われます。

＊

韓国では昔から、食べものはすべて健康を支える薬であるとする「薬（医）食同源」の考え方が食生活に生かされてきました。それは、病気になってから薬を飲むのではなく、毎日の食事で病気を予防し、健康を保とうという考え方です。そこで、野菜をはじめ、自然から得られる山の幸海の幸を広く、等しく取り入れた滋味豊かな料理がつくりだされるに至ったのです。そうした考えは、料理に韓国特有の味をつけるトウガラシやニンニク、ネギ、ゴマ、ゴマ油などの複合調味料を「薬念（ヤンニョン）」と呼ぶことにも表れています。さらには、山菜や野草をよく食し、動物の内臓や骨つき肉を使った料理が発達していることにもつながります。

「薬食同源」の考え方と並び、韓国の食文化を支えるもう一つの思想は、「陰陽五行説」です。食べ合わせや食材の組み合わせ、そして色の取り合わせなど、この教えによるところは大きく、本文でもとり上げた宮廷料理の「九節板（クジョルパン）」の五色の食材は、その顕著な例です。

*

韓国には「麺食い腹は別にあり」という言葉があり、その健啖ぶりを誇示します。それでも肥満の人が少なく皆、肌ツヤがよいのは、バランスのよい健康的な食生活を送っているからだと思います。家庭料理はその源といえます。キムチと焼き肉だけではない、韓国の家庭料理を知っていただきたくて、この本をしたためました。韓国のオモニ（お母さん）の味は、ヘルシーで多彩。そして、たくさんの知恵が詰まっています。

皆さんの健康で活力あふれた食生活のために、ぜひお役立てください。

二〇〇〇年一〇月

呉 永錫
柳 香姫

［遊び尽くし］妻家房の韓国家庭料理◉目次

2 ごはん、おかゆ、スープ

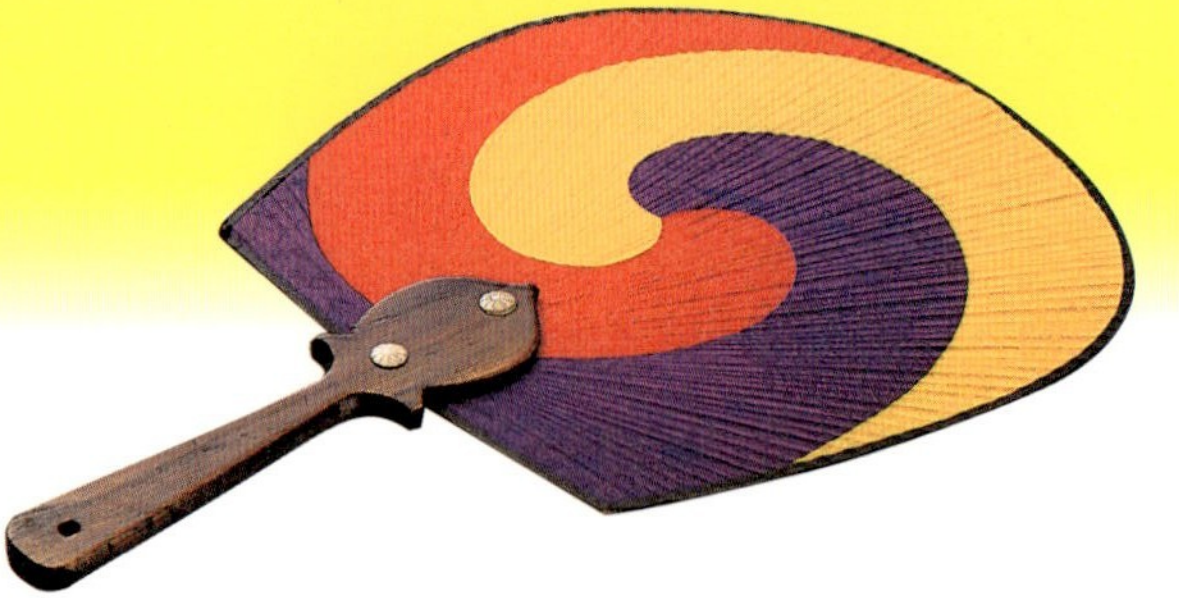

＊料理の材料は、4人分を基本としています。ゴマは、とくに表記のない場合は白ゴマを使用していますが、お好みで白ゴマ・黒ゴマどちらを使用してもかまいません。

1 ナムル、サラダ、キムチ

ニンニク、トウガラシなどを合わせた調味料が味の基本

韓国家庭料理は野菜たっぷり、知恵もふんだんに

ナムルやキムチといった常備菜はもちろん、肉やごはんを包んだり、炒めものや煮ものにしたりと、韓国料理は野菜をふんだんに使います。

ナムルは野菜の和えもの。調味液はゴマが基本

ナムルは野菜や山菜の和えもののことですが、ゆでるか炒めるなどして必ず火を通したスッチェ（熟菜）を使います。生のまま和えたものはセンチェ（生菜）といって区別します。ナムルの調味液は、地域や家庭によってさまざま。主にゴマ油やすりゴマなどをベース

昔も今も韓国の食卓にはキムチがある

ナス、ホウレンソウ、モヤシ、ゼンマイ、ダイコンのナムルの盛り合わせ

野菜の数だけあるといわれるほど、キムチの種類は多種多様

にして、好みで長ネギやトウガラシ粉、ニンニクなどを加えていただきます。

サラダ感覚で食べる浅漬けキムチもあります

ほとんどの野菜がキムチになりますから、野菜の数だけキムチの種類があるといっても過言ではありません。もともとは、野菜の少ない冬場に食べられるようにつくって常備した保存食。キムチは昔も今も韓国の食卓には欠かせないもので、どこの家庭でも、少なくとも三、四種類はいつも用意されています。漬けてから何日かおいて発酵させてから食べますが、コッチョリといって、一夜漬けのようにサラダ感覚で食べるキムチもあります。キムチの汁は、栄養満点のごちそうです。捨てずにごはんなどにかけて召し上がってください。

薬念(ヤンニョン)が味のベース。料理が健康をつくります

ニンニク、トウガラシ、ネギ、ショウガ、すりゴマ、ゴマ油、みそ、しょうゆなどの材料を合わせた、韓国料理の複合的な味のベースとなる調味料が薬念（ヤンニョン）です。その名のとおり、料理はよき薬であり、まさに健康をつくります。

色鮮やかな野菜の和えもの
定番おすすめナムル四種

ナムルとは、ゆでるか炒めるなどして火を通した野菜や山菜の和えもので、キムチと並ぶ食卓の常備菜です。

ここでは、盛り合わせにすると色の取り合わせのよい代表的なナムル四種を紹介します。石焼きビビンパプ（28頁）など混ぜごはんの具にもなりますので、つくりおきしておくと重宝します。

〈ホウレンソウのナムル〉

ホウレンソウのナムルは色鮮やかで栄養価も高く、人気があります。

［材料］ホウレンソウ200g、塩少々、A〈塩・牛肉だしの素（韓国でポピュラーな調味料。ビーフコンソメで代用）各小さじ1、ゴマ油・すりゴマ各大さじ1〉

［つくり方］①ホウレンソウはきれいに洗って長さを3～4等分に切ります。

②たっぷりの湯を沸かして塩を加え、①のホウレンソウを入れ、かためにゆでて水に取り、水けをしっかりしぼります。

③Aを合わせた中に②のホウレンソウを入れてもみ込むように和えます。

〈モヤシのナムル〉

モヤシのナムルは、歯ざわりのよさと旨みが魅力です。

［材料］大豆モヤシ200g、水½カップ、A〈塩・牛肉だしの素各小さじ1、ゴマ油・すりゴマ各大さじ1〉

［つくり方］①大豆モヤシは根を取り、分量の水と鍋に入れ、蒸し煮にします。

②モヤシがしんなりとしたら水に取り、水けをきってAで和えます。

〈ゼンマイのナムル〉

野草や山菜を上手に活用するのも韓国料理の特徴。なかでもゼンマイやワラビは日常的によく食べられています。

［材料］ゼンマイ（水煮したもの）150g、ゴマ油大さじ1½、A〈おろしニンニク小さじ½、しょうゆ大さじ2、牛肉だしの素小さじ1〉、すりゴマ大さじ1

［つくり方］①ゼンマイは、3～4cm長さに切ります。

②フライパンにゴマ油を熱して①のゼンマイを入れ、Aを加えて炒りつけます。仕上げにすりゴマを加え混ぜ、好みでコショウ少々をふり入れます。

ナムルは常備菜の代表格。石焼きビビンパプ（p28～）にもたっぷりのせて

〈ダイコンのナムル〉

トウガラシ粉の紅色が映える、おかずにも酒の肴にもなるナムルです。

［材料］ダイコン300g、塩大さじ1、A〈トウガラシ粉大さじ1、砂糖大さじ2、酢大さじ2½〉

［つくり方］①ダイコンは皮をむき、薄く輪切りにし、さらにせん切りにします。

②ボウルにダイコンを入れ、塩をして10分ほど、水けが出てしんなりするまでおきます。軽くしぼり、Aを加えて混ぜ合わせます。

ホウレンソウのナムル
ゼンマイのナムル
ダイコンのナムル
モヤシのナムル

万能ネギのナムル
香りとほろ苦さを味わう

万能ネギは、独特の香りとほろ苦さが魅力。ナムルにするとそのおいしさがより引き立ちます。多少アクのある香りの強い野菜をナムルにすると、また味わいも格別。ネギは、ゆですぎると香りがとんでしまうので、かためにゆでます。また、水けをよくしぼることも大切です。

［材料］万能ネギ1束（200g）、塩少々、A〈長ネギ（みじん切り）・ゴマ油各大さじ1、おろしニンニク小さじ1、塩小さじ½、すりゴマ大さじ½〉

［つくり方］①万能ネギは根を切り落としてきれいに洗い、長さを5等分に切ります（左の写真のように切らずに長いまま使い、根元のほうから折り曲げ、葉先をくるくると巻きつける形にしてもきれいです）。

②鍋にたっぷりの湯を沸かして塩を加え、①のネギを入れてさっとゆでます。

③すぐに水に取ってさらし、水けをぎゅっとしぼります。

④ボウルにAの材料を合わせて調味液をつくり、ここに③のネギを入れて混ぜ、さらによくもみ込みます。

［メモ］調味液にコチュジャン（トウガラシみそ）、砂糖、酢を適量加えると、甘酸っぱくてまた別の味わいでいただけます。

シュンギクのナムル
韓国式のゴマ和え

日本のシュンギクのゴマ和えと同じようにつくります。韓国式は合わせ調味料に長ネギやニンニク、ゴマ油を加味して、深い味に仕上げます。特有の香りを生かすためにも、葉先のシャンとした新鮮なシュンギクでつくりましょう。根ミツバなどでも応用できます。

［材料］シュンギク1束（200g）、塩少々、A〈長ネギ（みじん切り）・しょうゆ各大さじ1、塩小さじ½、おろしニンニク・ゴマ油・すりゴマ各小さじ1〉

［つくり方］①シュンギクは洗って根元のかたい部分を切り落とし、食べやすい長さに切ります。

②鍋にたっぷりの湯を沸かして塩を加え、①のシュンギクを入れてかためにゆでます。

③すぐに水に取ってさらし、水けをぎゅっとしぼります。

④ボウルにAの材料を合わせ、③のシュンギクを入れて、手でもみ込むように和えます。

ゴマの香りが食欲をそそるシュンギクのナムル

シュンギクのナムル

万能ネギのナムル

ダイコンの簡単ナムル

ダイコンの簡単ナムル

しみじみとした素朴な味わい

鍋にたまった汁もいっしょにごはんにかけて味わいます。汁もごちそうです。

［材料］ ダイコン400g、ゴマ油大さじ2、水1/3カップ、塩少々、A〈おろしニンニク・すりゴマ各小さじ1、おろしショウガ・塩小さじ各1/2〉、長ネギ（みじん切り）大さじ1、煎りゴマ適量

［つくり方］ ①ダイコンは皮をむき、輪切りにしてから少し太めのせん切りにします。

②鍋にゴマ油を熱し、①のダイコンとAを入れて炒めます。

③②に分量の水と塩少々を入れ、フタをしてさっと蒸しゆでにします。

④最後に、長ネギと煎りゴマを入れ、混ぜ合わせます。

ズッキーニのナムル

牛肉でボリュームアップ

ズッキーニのナムル

ズッキーニは炒めると色がさえてきれいです。韓国ではズッキーニをホバク(カボチャ)といって、料理によく使います。ズッキーニのほか、育ちすぎたキュウリやカボチャの未熟果を使ってもおいしくできます。

[材料] ズッキーニ250g、塩小さじ1、牛もも肉(薄切り)30g、A〈ゴマ油・長ネギ(みじん切り)各大さじ1、おろしニンニク小さじ1〉、B〈アミの塩辛の汁大さじ1、すりゴマ大さじ½、糸トウガラシ少々〉

[つくり方] ①ズッキーニは縦半分に切ってから斜め薄切りにし、塩をふってしばらくおき、しんなりとしたら軽く水けをしぼります。

②フライパンにAを入れて熱し、①と細切りにした牛肉を加えて炒めます。

③ズッキーニがやわらかくなったら火を止め、Bを加えて混ぜ合わせます。

ニンジンのナムル

自然の甘みを生かした

ニンジンの色をきれいに仕上げるために、ゴマ油ではなくサラダ油で炒めます。

［材料］ ニンジン1本半、A〈おろしニンニク・塩・牛肉だしの素・煎りゴマ各小さじ1、サラダ油大さじ2〉

［つくり方］ ①ニンジンは皮をむいてせん切りにします。

②フライパンにAを入れ、①を加えて手早く炒め煮にします。

ナスのナムル

さっぱりとした夏向きのおかず

ナスを蒸して、味つけをします。好みでトウガラシ粉や酢を加えても。

［材料］ ナス4個、A〈長ネギ（みじん切り）・しょうゆ・ゴマ油・すりゴマ各大さじ1、おろしニンニク小さじ1、塩・牛肉だしの素各小さじ½、コショウ少々〉

万能ネギや赤ピーマンなど適宜

［つくり方］ ①ナスは縦半分に切り、蒸気の上がった蒸し器で4～5分蒸してから水に取り、水けを軽くしぼって縦に裂きます。

②Aで①のナスをさっくり和えます。

③彩りに適当な大きさに切った万能ネギや赤ピーマンなどを合わせます。

ニンジンのナムル

ナスのナムル

ワカメサラダ

酢のもの感覚のヘルシーな一品

ワカメサラダ

調味料に油分を入れずにつくります。サラダというより、どちらかというとワカメとキュウリの酢のものという感覚。ゴマと糸トウガラシで風味づけします。

［材料］ワカメ（生）200g、塩小さじ$\frac{1}{2}$、キュウリ$\frac{1}{2}$本、タマネギ$\frac{1}{4}$個、A〈しょうゆ大さじ1、酢・砂糖各小さじ2、すりゴマ小さじ1、糸トウガラシ少々〉

［つくり方］①ワカメは水で塩けを洗い流し、分量の塩を加え沸騰した湯に入れてさっとゆでます。

②すぐに水に取り、水けをよくしぼって筋を取り、ざく切りにします。

③キュウリは縦半分に切ってから斜め薄切りに。タマネギも薄切りにし、塩少々（分量外）をふって混ぜ合わせ、水けを軽くしぼります。

④ボウルに②のワカメと③を入れ、Aを加えて混ぜ合わせます。

いくらでも食べられる
サンチュのサラダ

わが家の大好物のサラダです。葉先のシャンとしたサンチュはみずみずしく軽い食感で、たくさんつくっても、みるみるうちになくなってしまいます。しょうゆベースのドレッシングには七種類の材料が入って風味もよいので、いくらでも食べられます。万能ネギの代わりにカイワレダイコンやセリを入れても合います。

サンチュは利用範囲が広く、食卓に欠かせない野菜です。サラダのほか、みそなどをつけてそのまま食べてもよし、お肉やごはんを包んで食べてもよし、と自在です。

［材料］サンチュ200g（1パック約90g）、キュウリ1本、塩小さじ½、万能ネギ50g、紫タマネギ¼個、ドレッシング〈おろしニンニク・トウガラシ粉・砂糖・すりゴマ各小さじ1、しょうゆ大さじ3、酢大さじ2、ゴマ油大さじ1〉

［つくり方］①サンチュは洗って水けをきり、食べやすい大きさに切ります。

②キュウリは縦半分に切ってから斜め薄切りにし、塩をふって軽くもみ込み、しばらくおきます。しんなりとしたら水で塩けを洗い流し、水けをきります。

③万能ネギは洗って3cm長さに切り、紫タマネギは薄切りにします。

④ドレッシングの材料を合わせます。

⑤ボウルに②、③の野菜を入れ、④のドレッシングを少量入れて和えます。ここへ①のサンチュを加え、残りのドレッシングを入れてさっくりと和えます。

サンチュは食卓に欠かせない野菜の一つ

サラダに仕立てるほか、肉や薬味を包んだりと大活躍

サンチュのサラダ

シシトウの和えもの

往年の知恵が生きる

シシトウの和えもの

韓国では昔、小麦粉をつけて蒸した青トウガラシを一度乾かしてから油で揚げ、和えものにしました。旬の時期が短い青トウガラシを乾燥した状態で保存しておき、食べるたびに揚げて和えるのです。私はよくシシトウでつくりますが、小麦粉をつけて蒸すのは、往時の乾燥保存の名残です。

［材料］ シシトウ150g、小麦粉20g（大さじ2½）、A〈長ネギ（みじん切り）大さじ1、おろしニンニク・トウガラシ粉・ゴマ油・すりゴマ各小さじ1、しょうゆ大さじ3〉

［つくり方］ ①シシトウは洗って、へたの部分を切り落とし、水けをきって小麦粉をまぶしつけ、蒸気の上がった蒸し器で約10分間蒸します。

②Aの材料をボウルで混ぜ合わせ、蒸し上がったシシトウを加えて、さっくり和えます。

絶品ネギサラダ

シンプルが、ごちそう

絶品ネギサラダ

この料理は韓国語でパムチムといいます。パはネギ、ムチムは和えるという意味で、先のナムルもムチムの一種です。

さらしネギにするのでネギの辛みがぬけ、ネギの苦手な方にも好評。味つけはごくシンプルにして、ゴマ油をたっぷり使うことがポイントです。

単品で食べても美味ですが、パムチムは牛肉や豚バラ肉にとてもよく合います。サンチュなどの葉にいっしょにのせて包んで食べると、感動的なおいしさです。

[材料] 長ネギ（白い部分）3本分、塩小さじ½、ゴマ油大さじ2、すりゴマ大さじ1、トウガラシ粉少々

[つくり方] ①長ネギは5㎝長さに切ってせん切りにし、水にさらします。

②ボウルに塩、ゴマ油、すりゴマ、トウガラシ粉を入れて混ぜ合わせます。

③①の長ネギの水けをよくきり、②に入れて和えます。

サラダ感覚でパパッとつくる
即席ハクサイキムチ

即席キムチ（コッチョリ）は、越冬用に大量につくるキムチ（キムジャンキムチ）とは別に、食べるたびごとにさっとつくって、一～二日内に食べきります。

［材料］　ハクサイ¼株、塩大さじ2、万能ネギまたはニラ½束、A〈アミの塩辛（身を細かく刻む）・おろしニンニク・砂糖各大さじ1、おろしショウガ小さじ1、トウガラシ粉・イワシのエキス各大さじ2〉、B〈ゴマ油・煎りゴマ各大さじ1〉

［つくり方］　①ハクサイは芯と外側のかたい葉を除き、1枚ずつ葉をはがして水で洗い、軽く水けをきって縦に1cm幅に切ります。丈が長いようなら長さを半分に切ります。

②ハクサイに分量の塩をまんべんなくふり、20～30分ぐらいおきます。ほどよくしんなりとしたら、水で塩けを洗い流し、ざるに上げて水けをきります。

③万能ネギまたはニラは洗って水けをきり、3～4cm長さに切ります。

④ボウルにAの材料を入れてよく混ぜ合わせ、③を加えて軽く混ぜ合わせます。②のハクサイとBも加え、全体をさっくりと混ぜ合わせます。

［ポイント］　ハクサイに塩をふったら、あまり長くおかないようにしてください。中まで塩が入ると、塩辛くなります。あまりしんなりさせずに、シャキッとしたハクサイの歯ざわりが残るぐらいが、またおいしいものです。

●イワシのエキスはキムチの旨みの素

イワシのエキスは、秋田のしょっつるなどと同じ魚醤の仲間。しょうゆの原型ともいわれる調味料の一つで、原料はカタクチイワシ。これを一年間塩漬けしてできた上澄み液でつくります。

イワシのエキスが入るとキムチの旨みがグッとアップします。エキスは韓国の食材店にはたいてい置いてありますが、手に入らないときは、同じ魚醤のタイのナンプラーやベトナムのニョクマムでも代用できます。

［手順のコツ］1　芯や外側のかたい葉を除く

2　葉は縦に切る。空中で切ると早い

3　たれと合わせて、さっくりと混ぜる

即席ハクサイキムチ

即席キュウリキムチ

つくってすぐに、いただきます

キュウリのキムチも、ハクサイやダイコンと並んで人気があります。ふつうはダイコンやニンジン、ニラなどの野菜を刻んで調味液と混ぜ、キュウリにはさんで一～二日ほど漬け込みますが（これをオイキムチといいます）、ここでは、切って塩漬けしたキュウリを薬味だれで和えるだけの手軽にできる即席キムチをご紹介しましょう。

発酵を待たずに、つくって即、いただきます。さっぱりとした口当たり、みずみずしいキュウリの味わいは、即席漬けならではのおいしさでしょう。一年中八百屋さんに並んでいるキュウリですが、やはり旬の露地ものでつくりたいものです。歯切れよく、甘みも増して、いくらでも食べられます。

［材料］キュウリ2本、塩小さじ1、万能ネギ2本、赤または青トウガラシ（生）1本、アミの塩辛大さじ1、おろしニンニク小さじ1、トウガラシ粉大さじ1、煎りゴマ小さじ1

［つくり方］①キュウリは長さを4等分に切ってから縦に4つ割りにします。

②①のキュウリに分量の塩をまぶし、まんべんなく手でもみ込んで30分ほどおきます。

③万能ネギは3～4㎝長さに。生のトウガラシは種を除いて斜め薄切りにします。

④②のキュウリがしんなりとしたら水洗いして水けをふき、ボウルに入れます。

⑤④にアミの塩辛、おろしニンニク、トウガラシ粉を入れて混ぜ合わせ、③の万能ネギとトウガラシ、煎りゴマも加えてさっくり和えます。

［ポイント］できたてをすぐに食べます。長くおくとキュウリから水分が出て水っぽくなり、おいしくありません。

［主な手順］1　回しかけるように塩をまぶす

2　まんべんなく、手でよくもみ込む

3　アミの塩辛、ニンニク、トウガラシ粉が味のベース

4　万能ネギやゴマも加えて、さっくりと和える

即席キュウリキムチ

2 ごはん、おかゆ、スープ

ビビンパプにはナムルのほか、卵焼きをのせるのも楽しい

ビビンパプは、混ぜて混ぜて混ぜて食べる！

ごはんにナムルなど常備菜をのせて火にかければ、ビビンパプ（混ぜごはん）の出来上がり。かき混ぜるときも食べるときも、もっぱらスッカラというスプーンを使います。韓国では、丼ものに限らず、ごはんは箸ではなくスプーンで食べます。

サム定食に韓国料理の極意をみる

ごはんを、みそやチゲとともに野菜や海藻で包んで食べるサム定食は、とてもヘルシー。包むことをサムといい、韓国ではポピュラーな食べ方です。

食事にはキムチやスープがつきもの

身体にも心にも効く黒ゴマのおかゆ

野菜や海藻でごはんをサム（包む）する

韓国では、ふんだんにおかゆを食べます

韓国では、赤ちゃんやお年寄り、病人だけでなく、広く一般におかゆを食べます。種類もたくさんあって、用途に応じて食べ分けられるほどです。ごはん粒が残った状態の食べるおかゆは軽食として、重湯状の飲むおかゆは朝食や酒席の前に少量、また砂糖を加えておやつ代わりにもします。

スープは塩味、しょうゆ味、みそ味、辛みベースなど多彩

キムチとともに、韓国の食事にスープは欠かせません。それは和食に漬けものとみそ汁がつきものであるのと同様です。

本格的には牛肉をじっくり煮込んでだしをとりますが、その味つけは、あっさりとした塩味、風味のあるしょうゆ味にみそ味、辛みの効いたものなど多彩です。また具にも、肉や魚、野菜のほか海藻や卵などさまざまな材料が使われます。こうしたたくさんの味、材料のバリエーションのなかから、食事ごとに献立の内容（ほかの料理とのバランス）に合わせて組み合わせを決めていきます。

熱々をハフハフと食べる

石焼きビビンパプ

日本ではビビンバという呼び名で親しまれている混ぜごはんですが、韓国語の発音に近いのがビビンパプ。ビビンは「混ぜる」、パプは「ごはん」という意味です。熱く焼かれた石鍋の中で、ジュウジュウとおいしそうな音をたてるごはんやナムル、お肉……。これを熱々のうちにおもいっきり混ぜ合わせ、渾然一体となった味のハーモニーを楽しみます。

そのおいしさを強力にバックアップするのが、なんといっても石鍋の存在。丼にそのまま盛りつけただけでは、残念ながらこの味は出せません。韓国の家庭には、たいてい家族の人数分の石鍋があり、ビビンパプだけではなくチゲなどの煮ものにも活用しています。

石鍋がない場合は一人用の土鍋で代用し、ゴマ油を薄く塗って使ってください。

［材料］ ごはん4人分、そぼろ〈合いびき肉150g、ゴマ油・しょうゆ各大さじ1、おろしニンニク・牛肉だしの素各小さじ½、コショウ少々〉、好みのナムル適宜（10頁～の定番ナムル四種がおすすめ）各4人分、卵の黄身4個分、刻みノリ適量、ゴマ油適量、好みでコチュジャン（106頁）・サンチュ各適量

［つくり方］ ①そぼろをつくります。鍋に油や調味料を入れ、ひき肉を加えて強火にかけます。煮立つ前のぬるめの段階で、一度手でひき肉をほぐします。火加減を中火にし、鍋底を焦げつかさないようにスプーンでかき混ぜながら、肉に火を通します。

②ナムルをつくります（10頁～）。

③石鍋を弱火にかけます。5分ほど温めたら、ゴマ油を鍋肌から底にたまるくらいに注ぎ入れます。うっすらと煙が立ちのぼってきたらごはんを入れ、彩りに好みでサンチュを敷き、上に①のそぼろと②のナムルを等間隔に形よくのせ、中央に卵の黄身を入れ、刻みノリを散らします。

終始弱火で、鍋が高温になるまで3分ほど熱し、最後にゴマ油を少量、鍋肌から回し入れ、鍋底からお焦げができるパチパチという音がしたら出来上がり。

石鍋は使い込むと味のある色合いに。「妻家房」では小4千円、大5千円で販売。手前はスッカラ（スプーン）

好みでコチュジャンを加え、熱いうちに、スッカラで手早く全体をかき混ぜて食べる。石鍋でできたお焦げがまた、たまらないおいしさ

石焼きビビンパプ

くずの透明感が涼を誘う

夏のビビンパプ

彩りも美しい涼やかな丼ものです。ズッキーニやくずきりが涼味を誘い、夏のちょっとしたおもてなしにも喜ばれます。本式には、ムク（そばやドングリ、緑豆などの粉のデンプン質を糊状に煮てゼリーのように固めた食品）を短冊形に切ってのせますが、ここでは食感の似た、くずを使ってみました。

また、韓国ではトラジというキキョウの根をゴマ油などで炒めて具にします。手に入ったら加えてみてください。

［材料］ごはん4人分、牛薄切り肉80g、A〈おろしニンニク小さじ1、しょうゆ・ゴマ油各大さじ1、コショウ少々〉、ズッキーニ100g、塩少々、B〈ゴマ油・長ネギ（みじん切り）各大さじ1、おろしニンニク・すりゴマ各小さじ1、コショウ少々〉、ワラビまたはゼンマイ（水煮したもの）150g、C〈ゴマ油大さじ$1\frac{1}{2}$、おろしニンニク小さじ$\frac{1}{2}$、しょうゆ大さじ2、牛肉だしの素小さじ1、すりゴマ小さじ1、コショウ少々〉、くずきり（幅広のもの。長さを半分に折って水でもどす）280g、ヤンニョンジャン（107頁）大さじ7、焼きノリ適量、だしコンブ（乾）30g、サラダ油適量、砂糖少々、卵2個、コチュジャン（トウガラシみそ 106頁）小さじ4

［つくり方］①牛肉は細切りにしてAで下味をつけ、フライパンで炒めます。

②ズッキーニは5cm長さのせん切りにし、塩をふってしばらくおき、しんなりしたら水けをしぼります。Bのゴマ油を熱した鍋に入れ、Bの残りの材料を加えてさっと炒めます。

③ワラビまたはゼンマイは食べやすく切って水けをしぼり、Cのゴマ油を熱した鍋にニンニク、しょうゆ、牛肉だしの素といっしょに入れて炒り煮にします。すりゴマとコショウを加えて仕上げます。

④もどしたくずきりは、水けをきってヤンニョンジャンで和えます。

⑤だしコンブは5～6cm長さに切り、サラダ油で揚げて熱いうちに砂糖をまぶし、冷めたらビニール袋に入れて上から叩き、細かく砕きます。

⑥卵は割りほぐし、サラダ油をひいたフライパンで薄焼きにして4～5cm長さのせん切りにします。

⑦丼にごはんを盛り、①～⑥と細切りのノリを盛り合わせます。

⑧コチュジャンを加えて全体を混ぜ合わせて食べます。

ビビンパプは、とにもかくにもビビンしてビビンして（混ぜて混ぜて）食べる

夏のビビンパプ

サム定食

野菜や海藻でごはんを包む

包むことをサムといいます。日本の方にはなじみが薄いかもしれませんが、この包んで食べるという食習慣も、韓国食文化の大きな特徴の一つでしょう。

ごはんを、つけみそや、みそチゲなどとともに野菜や海藻で包んで食べるこのメニューは、「妻家房」でも人気。キムチを添えた栄養満点の完全食です。

[材料] ごはん適量、チンゲンサイ1束、塩少々、キャベツ1/3個、塩漬けコンブ(生)または刺し身用ワカメ適量、好みのキムチ適量

[つくり方] ①チンゲンサイは外側の葉の大きなところだけ使います。茎を除き(みそチゲに入れる)、塩を加えた湯でさっとゆでて水に取り、水けをきります。

②キャベツは3つ割りにしたままで蒸すかゆでて冷まし、1枚ずつはがします。

③塩漬けコンブはよく洗い、水に20分

コンブやキャベツでごはん、みそなどを包み、一気にほおばるヘルシー食

サム用みそチゲ

[材料] みそ大さじ8、水2カップ、煮干し10g、タマネギ1/5個、長ネギ5cm、チンゲンサイの茎など少々

[つくり方] 野菜類はすべてみじん切りに、煮干しは頭とハラワタを取りミキサーにかけて粉にする。みそを分量の水で溶いて火にかけ、煮干しと野菜を加えてどろりとするまで煮る

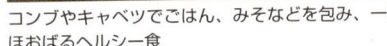

ほどつけて塩出しし、水けをきって14～15㎝長さに切りそろえます。
④サム用みそチゲと、つけみそをつくります（材料とつくり方は下段）。
⑤大皿に①～③を盛り合わせ、別の器に④を入れ、キムチも添えて供します。

［食べ方］野菜やコンブを広げてごはんを適量取ってのせ、みそチゲやつけみそをのせてくるむように包みます。これを一気に口の中に入れてほおばり（少しずつ食べてはおいしくありません！）、すべてが混ざり合った味を楽しみます。

サム定食

つけみそ

［材料］みそ大さじ3、コチュジャン・ゴマ油・長ネギ（みじん切り）各大さじ1、おろしニンニク小さじ½、すりゴマ小さじ1を合わせる

キムチチャーハン

古漬けの旨みが生きる

ハクサイキムチはいつも冷蔵庫に入っているので、残りごはんがたまったときなどには、いっしょに炒めてよくチャーハンにします。これにスープを添えれば、素敵なランチになりますよ。

ハクサイキムチには、野菜や塩辛類、香辛料などがミックスされたバツグンの旨みがあります。そこで、そのまま食べるだけでなく、このようにごはんと炒めたり、麺にのせたり、また鍋やお好み焼きにも利用して、その深い味わいをいろいろな形で楽しみます。

［材料］ごはん4～5カップ、ハクサイキムチ350g、牛ひき肉150g、タマネギ1/3個、ニンジン1/4本、サラダ油大さじ3、牛肉だしの素小さじ1、塩少々

［つくり方］①ハクサイキムチは汁けをしぼって粗く刻みます。タマネギ、ニンジンはみじん切りにします。

②中華鍋にサラダ油を入れて熱し、牛ひき肉、牛肉だしの素と①のタマネギ、ニンジンを順に加えて炒めます。

③ひき肉の色が変わったら、①のハクサイキムチとごはんを加えてほぐしながら炒め、塩少々で味をととのえます。

●チャーハンがオムライスに変身

キムチチャーハンをケチャップ味にして薄焼き卵で包むと、子どもたちも大好きなキムチオムライスの出来上がりです。

［材料とつくり方］①キムチチャーハンの③まで同様につくり、最後にトマトケチャップ適量を加えて、均一になじむように炒めます。

②フライパンにサラダ油少々を熱して割りほぐした卵1人1個を流し入れ、軽くかき混ぜながら中火で焼きます。

③半熟状になったらキムチチャーハンを端にのせ、卵の手前をごはんにかぶせるように折り、皿に形をととのえながら移します。飾りにトマトケチャップを適量かけて供します。

キムチチャーハン入りオムライス

キムチチャーハン

飲むように味わう
松の実がゆ

韓国では、ふだんにおかゆを食べますから種類も豊富で、用途に応じて食べ分けられるほどです。ここで紹介する重湯状のおかゆは、食べるというより飲む感覚。どれもわが家の定番ですが、とくに松の実がゆは、子どもから、少し体調が悪いときにつくってとせがまれるおかゆです。二日酔いにも効きますよ。

[材料] 米1カップ、水3½カップ、松の実¼カップ、塩・砂糖（好みで）各少々、飾り用松の実1人分5〜6粒

[つくり方] ①米は洗って1時間ぐらい水（分量外）につけておきます。

②①の米をざるに上げて水けをきり、松の実、水2カップ（分量内）を加えてミキサーにかけます。

③②を鍋に移し、残りの水を加えて火にかけ、木べらでかき混ぜながら、どろりとなるまで煮込みます。

④火を止めて、下ろしぎわに塩と好みで砂糖を加え混ぜ、松の実を散らします。

身体じゅうが生き返る
黒ゴマがゆ

黒い色に驚かれるかもしれませんが、これは、とても香ばしく、黒ゴマのエキスを飲んでいるようなおかゆです。薬用効果も大です。

[材料] 米1カップ、水5カップ、黒ゴマ1カップ、塩少々、ナツメ（せん切り）2〜3個・松の実適量・ハチミツ少々

[つくり方] ①米を洗って2〜3時間水（分量外）につけたのち、ざるに上げて水けをきります。黒ゴマは煎ります。

②①の米と黒ゴマに水2カップ（分量内）を加えてミキサーにかけます。

③②を鍋に移し、残りの水を加えて弱火で焦がさないように木べらでかき混ぜながら、どろりとなるまで煮ます。

④器に盛って塩をふり、好みで松の実、ナツメを散らし、ハチミツをかけます。

カボチャがゆ

●ポタージュのようなカボチャがゆ

カボチャにアズキをプラスして、もち粉でとろりとさせたおかゆも好評です。少し手間はかかりますが、簡単にご紹介しておきましょう。

[材料] カボチャ½個、アズキ大さじ3、もち粉（白玉粉でもよい）大さじ5、水5カップ、塩・砂糖各少々、ハチミツ（好みで）大さじ1

[つくり方] ゆでて裏ごししたカボチャ（砂糖を加える）と、ゆでたアズキに水を加え、煮立ってきたらもち粉を少しずつ加えて、どろりとするまで煮ます。

松の実がゆ
黒ゴマがゆ

モヤシごはん

簡単なのにおいしい
モヤシごはん

簡単で、しかもすこぶるおいしい炊き込みごはん。ヤンニョンジャン（薬味しょうゆ）が味の決め手です。

［材料］米3カップ、水$3\frac{1}{3}$カップ、大豆モヤシ300g、豚薄切り肉100g、A〈長ネギ（みじん切り）大さじ½、しょうゆ大さじ1、おろしニンニク・コショウ・ゴマ油各少々〉、ヤンニョンジャン（つくり方は107頁）大さじ5～6

［つくり方］①米は洗って水（分量外）に30分ぐらいつけてから、ざるに上げます。

②大豆モヤシは洗って水けをきります。

③豚肉は短冊に切り、Aにつけます。

④炊飯器に半量の米を入れてその上に②と③の半量を広げてのせ、さらに残りの米、②、③の残りと順に重ねて分量の水を加え、炊きます。

⑤炊き上がったらすぐに混ぜて盛り、ヤンニョンジャンをかけて食べます。

シンプルでコクがある
キムチスープ

キムチのさわやかな辛みが食欲をそそります。味つけは牛肉の旨みとキムチの風味を生かしてシンプルに。

［材料］ハクサイキムチ300g、牛すね肉150g、長ネギ（みじん切り）½本、水4カップ、牛肉だしの素大さじ1、ゴマ油小さじ2、塩少々

［つくり方］①ハクサイキムチは軽くしぼって刻みます。牛肉は細切りにします。
②鍋にゴマ油を熱し、①の牛肉を入れて炒め、肉の色が変わったら分量の水と①のキムチ、牛肉だしの素を加えます。
③煮立ったらアクを除き、弱火にしてしばらく煮、下ろしぎわに長ネギを散らします。味をみて、塩またはキムチの汁を加えて調味します。

キムチスープ

ワカメスープ

お産の後には必ず飲む

ワカメスープは韓国の人々にとって一番身近なおつゆです。お産の後、最初に口にするのが、このワカメスープ。母が娘に、あるいは姑が嫁に手づくりするのが昔からの風習で、産後数週間は毎日飲みます。

ワカメスープ

ワカメは、ビタミンやミネラルを多く含んだ健康食品です。肉や魚でだしをとったスープにたっぷり入れて飲むと、血が浄化され、お乳の出もよくなるといわれます。

また、お誕生日をはじめ、いろいろなお祝い事や行事の折りにもワカメスープが欠かせません。ソウルに留学中の長女の誕生日にも、近くに住む私の母に頼んでつくってもらっています。まさに、愛情と栄養たっぷりのスープなのです。

［材料］ ワカメ（乾）20g、牛薄切り肉（赤身）150g、ゴマ油大さじ1、水4カップ、おろしニンニク小さじ1、牛肉だしの素大さじ½、塩小さじ½

［つくり方］ ①ワカメは水でもどしてよく洗い、細かく刻みます。牛肉は細切りにします。

②鍋にゴマ油を入れて熱し、①のワカメと牛肉を入れて炒めます。肉の色が変わったら分量の水を入れ、ニンニク、牛肉だしの素を加えて煮立て、塩で味をととのえます。

ふわふわ卵スープ

忙しい朝の強い味方

ふわふわ卵スープ

手近にある材料であっという間にできる、朝食におすすめの一品です。卵を入れたら火を止め、余熱で固めるぐらいがほどよく仕上がります。

［材料］卵3個、万能ネギ・タマネギ各適量、水4カップ、牛肉だしの素大さじ1、ゴマ油少々、塩小さじ1

［つくり方］①卵は割りほぐします。

②万能ネギは小口切りに、タマネギは薄切りにします。

③鍋に分量の水を入れ、②と牛肉だしの素を加えて火にかけ、沸騰してきたら弱火にして3〜4分煮、塩で味をととのえ、ゴマ油を回し入れます。

④最後に①の卵をスプーンですくって落とし入れ、すぐに火を止めます。

家族みんなの元気の素

ユッケジャンスープ

牛すじ肉を煮込んでだしをとり、肉やワラビ、モヤシなどの具はそれぞれ別に下処理や下味をして、じっくり時間をかけてつくります。手間暇がかかる分、それは深い味わいのスープになります。

よーし、今日はがんばってユッケジャンスープに取り組もう！　というときに私はたっぷりつくります。

煮込んだ牛肉を手で細長く裂いて入れますが、これをスプーンで巻き取って食べるのが韓国風スタイル。包丁で切ったものより食感がよく、見た目もおいしそうにできます。

コチュジャン（トウガラシみそ）の辛みが効いたこのスープは、うちの家族の元気の素。少々の疲労はふきとびます。

[材料] 牛すじ肉300g、手に入ればハチノス（牛の2番めの胃・ゆでたもの）200g、ワラビまたはゼンマイ（水で煮たもの）・大豆モヤシ各100g、長ネギ2本、水10カップ、ニンニク5片、ショウガ（薄切り）20〜30g、A〈トウガラシ粉小さじ1½、長ネギ（みじん切り）大さじ1、しょうゆ・ゴマ油各小さじ2、コチュジャン（106頁）小さじ1½〉、B〈おろしニンニク小さじ1½、しょうゆ・ゴマ油各小さじ2〉、C〈しょうゆ・ゴマ油各小さじ2〉、D〈トウガラシ粉・コチュジャン各小さじ1½、牛肉だしの素大さじ1〉、E〈長ネギ（みじん切り）大さじ1、おろしニンニク小さじ1½、塩・コショウ各少々〉、卵2個、ゴマ油少々

[つくり方] ①牛すじ肉は水にしばらくつけて血抜きしたのち、ハチノスといっしょに深鍋に入れます。分量の水を入れ、ニンニクとショウガを加えて火にかけます。沸騰したら火を弱め、アクをとりながら気長に煮込みます。

②ワラビは5cm長さに切ります。大豆モヤシはさっとゆでて水に取り、水けをきります。長ネギは縦半分に切って5cm長さにそろえ、さっとゆでておきます。

③①の肉がやわらかくなったら取り出し、すじ肉は手で細長く裂き、ハチノスは包丁で一口大に切ります。煮汁はニンニク、ショウガを取り除いて8カップのスープをとり、冷まします。

④③のすじ肉、ハチノスにAを混ぜ合わせ、手でよくもみ込みます。

⑤ワラビはBを加えてフライパンで炒めます。大豆モヤシにCを混ぜ合わせ、よくもみ込みます。

⑥③のスープが冷めたら表面に浮いた脂をとり、④の肉、Dを入れて火にかけます。沸騰したら長ネギと⑤を加え、ふたたび沸騰したらEで味をととのえます。下ろしぎわに割りほぐした卵を糸状に細く流し入れ、ゴマ油少々で香りをつけ、卵が浮いてきたら火を止めます。

スープをごはんにかければ、あっという間にユッケジャンクッパに

ユッケジャンスープ

干しダラのスープ

淡泊なだしが味の決め手

ここで紹介するのは、干しダラの淡泊なだしの風味を生かした、ダイコンと卵入りのスープ。韓国では古くから、保存食品として乾燥した魚をよく使い、煮ものやスープ、和えものなどにします。

干しダラ（韓国語でスケソウダラのことを明太＝ミョンテ、干しダラは干し明太といいます）はその代表格。

市場に行くと丸ごと干したもの、開いたもの、細く裂いたものなどが山と積まれ、安価で売られています。干し明太は典型的なお惣菜向きの大衆魚というわけです。

わが家では、裂いたものにヤンニョンジャン（薬味しょうゆ）やコチュジャン（トウガラシみそ）をのせて酒のおつまみにしたりします。クセのないタラの味が薬味や香辛料でピリッと引き締まり、ビールがすすみます。

［材料］干しダラ（棒ダラでもよい）100g、A〈おろしニンニク・しょうゆ・塩各小さじ1、コショウ小さじ½、ゴマ油大さじ1〉、ダイコン300g、ゴマ油・牛肉だしの素各大さじ1、水4カップ、万能ネギ½束、卵2個

［つくり方］①干しダラは4㎝長さに切って水少々をふりかけ、しんなりとしたらAを加えて和えておきます（棒ダラを使う場合は水につけてもどします）。

②ダイコンは色紙切りにし、①のタラと、それぞれゴマ油でさっと炒めます。

③万能ネギは、2～3㎝長さに切ります。

④鍋に②の干しダラと分量の水、牛肉だしの素を入れて火にかけ、沸騰したら②のダイコンを加えて少し煮ます。ダイコンがやわらかくなったら③の万能ネギを加え、仕上がりに割りほぐした卵をスプーンですくって落とし入れ、すぐに火を止めます。

④味をみて、薄いようなら塩少々で調味します。

［メモ］辛みがほしいときは、トウガラシ粉を入れてもよいでしょう。

丸ごと乾燥させた干しダラ。韓国ではスープや煮ものなどによく使われる食材

干しダラのスープ

3 ジョン（お好み焼き）、麺類

ネギと魚介のパジョン

キムチのジョン

ジョンは、別名チヂミ。韓国版のお好み焼き

一般に、卵または粉のつけ焼きをジョンといいますが、広くは、溶いた粉の上に具をのせて焼くものや、粉に具を混ぜて焼いた、いわゆる韓国版お好み焼きもひっくるめてジョンと呼んでいます（チヂミは方言で、標準語はジョンです）。ジョンの種類はバラエティ豊か。日々のお惣菜やおやつに短時間でさっとつくるものや、婚礼などのお祝い事や法事用に手間ひまかけてつくるものもあります。

ハクサイキムチの美しい色合いのジョンや、たっぷりのネギと魚介の栄養満点のパジョン、野菜や白身魚に卵をつけて焼くジョンをご紹介します。

カルクッシュ（きしめん）

ムルネンミョン（スープ入り冷麺）

キムチ入りうどん

シイタケとピーマン、白身魚のジョン◀

麺の入るお腹はまた別？

日本や中国の人々に負けず劣らず韓国の人たちも麺好きで、よく食べます。韓国では、「麺食い腹は別にあり」と古くからいわれています。麺料理はまた別腹で、ごちそうを食べたあとでも、宴席などの締めくくりには麺料理が出されます。お腹いっぱい食べても、麺ならまだ食べられるのですね。最近では私たちのレストラン「妻家房」でも、麺類は昼食として、また焼き肉などを食べたあとの仕上げとして人気があります。

代表的な麺類は、冷麺、うどんやそうめん、カルクッシュ（きしめん）など。冷麺には54、56頁でご紹介するように、汁あり、汁なしの二つのスタイルがあります。冷麺用の麺は、小麦粉、ソバ粉にカタクリ粉（ジャガイモやサツマイモのデンプン）を混ぜて練った、コシのある独特の麺が用いられます。

温麺は薄味の温かいそうめん、カルクッシュは韓国風の手打ちうどん（きしめん）です。また、地域によって同じ麺でも材料や配合が異なり、その料理法も多彩。麺食い民族の面目躍如といったところでしょうか。

文中で、つくり方、食べ方を詳しくご紹介していますので、味わってみてください。

紅色の韓国版お好み焼き

キムチのジョン

キムチのジョン（卵または粉のつけ焼きのことで、お好み焼きも含む。ジョンは標準語で、チヂミは方言）は、酸味のでた古漬けのハクサイキムチをたっぷり使い、ネギ、ひき肉とともに粉に混ぜて焼き上げます。粉には米粉を加えてもちっとした食感に。焼き立てのアツアツをほおばると野菜の甘みが口中に広がり、なんともいえず美味です。

これぞまさしく、韓国版お好み焼き。つくり方のポイントは、薄く焼くこと。そしてあまりカリカリに焼かないことです。表面はカリッ、中はしっとりがベター。韓国ではプロの料理人ほど薄く焼きます。慣れないうちは多少厚くてもOKですが、裏返すときにくずさないよう、上手に返してください。

［材料］（直径26㎝2枚分）ハクサイキムチ250g、合いびき肉100g、万能ネギ50g、生の赤トウガラシ（または赤ピーマン）1本、小麦粉1カップ、米粉（上新粉など）1/3カップ（30g）、水250cc、卵1個、サラダ油適量

［つくり方］①ハクサイキムチは汁けをしぼり、みじん切りにします。

②万能ネギは3㎝長さに、赤トウガラシは種を除き細切りにします。

③小麦粉、米粉に分量の水と卵を加えて、ダマにならないように溶きます。

④③にハクサイキムチと合いびき肉を入れて混ぜ合わせ、万能ネギ、赤トウガラシも加えてさっくり混ぜます。

⑤フライパンを熱してサラダ油をひき、④をおたまで適量取って流し入れ、薄く丸く広げてまず片面を焼きます。

⑥縁のところが焼けてきたら、引っくり返して鍋肌からサラダ油を注ぎ入れます。フライ返しで表面を軽く押さえながら両面を色よく焼きます。

⑦残りも同様に焼き、食べやすく切って皿に盛ります。

キムチの紅色が食欲をそそる。外はカリッ、中はしっとりに薄く焼き上げる

キムチのジョン

ネギたっぷりで際立つ風味

魚介のパジョン

「パ」は韓国語でネギのこと。万能ネギと魚介を合わせた、滋味豊かなジョンです。材料はそろわなければ間に合うものだけで結構ですし、イカのほかにカキやアサリ、タコなどをお好みで入れてもおいしく仕上がります。

酢じょうゆに薬味の入ったたれ（ヤンニョンチョジャン）をつけて食べます。

［材料］（直径26㎝3枚分）万能ネギ100g（1束）、ニラ50g、イカの細切り300g、タマネギ大½個、ニンジン½本、小麦粉1½カップ、米粉½カップ、卵1個、水2カップ、塩・糸トウガラシ各少々、サラダ油適量

［つくり方］①万能ネギとニラは洗って万能ネギは半分に、ニラは5㎝長さに切ります。タマネギは薄切りに、ニンジンは輪切りにしたあと薄切りにします。

②ボウルに卵を割りほぐして分量の水と合わせ、小麦粉、米粉と塩を加えてダマにならないように泡立て器でよく混ぜ合わせます。

③②の中にニラ、タマネギ、ニンジンを加え、ざっと混ぜ合わせます。

④フライパンを熱してサラダ油をひき、③のタネをおたまで適量取って流し入れ、丸く均一に広げます。生地に火が通らないうちにイカの細切りを全体に散らし、①の万能ネギを一方向に並べます。

⑤最後に糸トウガラシを彩りに散らし、③の残りのタネを薄くかけます。

⑥縁のところが焼けて、全体に黄色く色づいてきた頃合いをみて、フライ返しで引っくり返します。鍋肌からサラダ油を注ぎ入れ、表面をフライ返しで軽く押さえながら両面をパリッと焼き上げます。

⑦残り2枚を同様に焼き、食べやすく切って皿に盛り、酢じょうゆだれをつけて食べます。

［ポイント］引っくり返すタイミングが重要です。焼き方が不十分だと返すときに上にのせた具がすべり落ち、タネもぐちゃぐちゃになってしまいます。焼け具合をよく見定めましょう。

魚介のパジョン

ゴマやトウガラシなど薬味の入った酢じょうゆだれが、また絶品。たっぷりつけて

［材料］しょうゆ1/4カップ、酢大さじ2、長ネギ（みじん切り）大さじ1、おろしニンニク小さじ1/2、トウガラシ粉大さじ1、砂糖・ゴマ油・煎りゴマ各小さじ2
［つくり方］材料をよく混ぜ合わせる。

溶き卵をつけて焼く

人気のジョン三種

卵をつけて焼くジョンは、優しい色合いの上品な一品。ひき肉詰めはシイタケのほか、ピーマンやズッキーニなどでもつくります。

白身魚やエビは、ひき肉と合わせずに単品でジョンにします。韓国版ムニエルといったところでしょうか。

ここでご紹介する三種とも、前頁のパジョンの酢じょうゆだれが合いますが、しょうゆをつけてもピッタリです。

〈シイタケとピーマンのジョン〉

［材料］干しシイタケ8個、ピーマン2個、牛ひき肉170g、A〈タマネギ（みじん切り）1/5個分、ニラ（みじん切り）3本分、おろしニンニク・塩・コショウ各少々〉、小麦粉適量、卵1個、サラダ油適量

［つくり方］①干しシイタケは水でもどし、水けをしっかりしぼって石づきを取ります（生シイタケは水っぽくなるので乾物を使用）。ピーマンは1cm幅の輪切りにして種を除きます（8切れ見当）。

②牛ひき肉にAを加え、粘りが出るまで手でよく混ぜ合わせます。

③①のシイタケの笠の裏側とピーマンの輪の内側に小麦粉を薄くふり、②の肉ダネを16等分してそれぞれ詰め、肉の上に小麦粉をまぶして溶き卵をつけます。

④フライパンを熱してサラダ油をひき、③の肉の面を下にして入れ、焼き色がつくまで焼きます。裏返してさらに1～2分間焼き、中まで火を通します。

〈生ダラのジョン〉

［材料］生ダラ400g、塩・コショウ各少々、小麦粉適量、卵1個、サラダ油適量、飾りにシュンギクやナツメなど各適量

［つくり方］①生ダラは皮をむいて一口大に切り、薄い塩水に1時間ほどつけておきます。水けをキッチンペーパーでふきとり、コショウをふって小麦粉をまぶします。

②つぎに溶き卵（飾りは好みで）をつけます。このとき黄身と白身を別々に溶いてつけると、2色に仕上がります。

③フライパンにサラダ油を熱し、②を並べ、返しながら色よく焼きます。

ジョンは種類も豊富。ハクサイキムチ、牛肉、ネギ、ニンジンを串に刺したジョンは彩りも鮮やか

シイタケのジョンは、笠の裏にひき肉を詰めて焼く

生ダラのジョン
シイタケのジョン
ピーマンのジョン

ムルネンミョン

平壌冷麺の真髄はスープにあり

しこしことした独特の歯ざわりで日本にもファンの多い冷麺には、二通りの食べ方があります。スープが入ったおなじみの冷麺はムルネンミョン（水冷麺の意）といい平壌式です。もう一つの食べ方はスープなしで混ぜて食べるビビンネンミョン（混ぜ冷麺の意）で、辛いものを好む咸興《ハムン》が本場。こちらは次項で紹介します。

ムルネンミョンの魅力はやはりよく冷えたスープ。牛すねや鶏ガラでつくるスープは、コクがありながらあっさりした味で、麺や具を見事に引き立てます。

［材料］冷麺（乾）750g、スープ〈鶏ガラ500g、牛すね肉300g、水2カップ、ニンニク4片、長ネギ½本、塩・しょうゆ各大さじ1、砂糖小さじ2〉、キュウリ1本、塩大さじ½、A〈酢・砂糖・ゴマ油各小さじ1、トウガラシ粉・糸トウガラシ各少々〉、ナシ¼個、卵2個、好みのキムチ（ダイコンまたはハクサイのキムチがよい）、練りがらし適量

［つくり方］①スープをつくります。深鍋に鶏ガラ、牛すね肉を入れて分量の水を注ぎ、ニンニク、長ネギを加えて火にかけます。煮立ったら火を弱め、アクを除きながら煮立てないようにして煮込みます。肉がやわらかくなり、コクのあるだしが出たら鶏ガラは除き、牛肉は取り出して薄切りにします。スープは塩、しょうゆ、砂糖で調味し、冷まします。浮いた脂を除いて一度布で漉し、8カップ分を量ってさらに冷ました後、冷蔵庫に入れて冷やしておきます。

②キュウリは縦2つ割りにしてから斜め薄切りにし、塩をふってしばらくおき、水けをしぼってAをもみ込みます。

③ナシは皮をむいて薄切りにします。

④卵はゆでて輪切りにします。

⑤鍋にたっぷりの湯を沸かして冷麺を入れ、ふきあがったら差し水をしてゆで、ふたたび沸騰したら取り出して水に放し、手でよくもみ洗いしてぬめりを除きます。ざるに上げて（1人分ずつ小盛りにしておく）水けをきります。

⑥器に冷麺を盛ってスープを注ぎ、キュウリと食べやすい大きさのキムチ、ナシ、牛肉、卵の順に具をのせます。練りがらしと好みで酢を加えていただきます。

鶏ガラと牛すね肉で丹念に取ったスープが旨みの素

麺はハサミで食べやすい長さに切り、ほぐして食べる

ムルネンミョン

トウガラシの効いた濃厚なたれが、麺によく合う。具はｐ54～のムルネンミョンと同じにしても、おいしい

ピリ辛のたれを混ぜる
ビビンネンミョン

スープではなく、トウガラシの辛みが効いたみそだれをからめて食べる冷麺です。たれで和えるように混ぜて（ビビン）食べるので、ビビンネンミョンというわけです。

汁けがないため麺がくっつきやすいので、スープかキムチの汁を少量入れて、麺をほぐしやすく混ぜやすくします。ハサミで麺を食べやすい長さに切るのもポイントです。

具は、ハクサイキムチをのせるだけでも、十分おいしくいただけます。ほかに魚の刺し身や肉、卵、果物も合います。

［材料］ 冷麺（乾）750g、好みのキムチ（ハクサイやダイコンのキムチがよい）500g、A〈すりゴマ小さじ2、ゴマ油大さじ1½〉、キュウリ1本、塩大さじ½、B〈酢・砂糖・ゴマ油各小さじ1、トウガラシ粉・糸トウガラシ各少々〉、ニンジン⅕本、塩少々、トウガラシみそだれ〈コチュジャン大さじ2、長ネギ（みじん切り）大さじ3、おろしニンニク・煎りゴマ各小さじ1、トウガラシ粉小さじ2、砂糖・ゴマ油各大さじ1〉、鶏や牛のスープ（コンソメでつくってもよい）またはキムチの汁適量

［つくり方］ ①キムチは食べやすい大きさに刻んで汁をしぼり、Aを加えて混ぜ合わせます。

②キュウリはムルネンミョン（平壌冷麺　54頁～）と同様に塩で下処理をし、Bで調味します。

③ニンジンは縦に2つ割りにし、塩少々を加えた湯でゆで、せん切りにします。

④冷麺はムルネンミョンと同様にゆでて水で洗い、水けをきっておきます。

⑤トウガラシみそだれの材料を合わせます。

⑥器に冷麺を盛って⑤のみそだれをかけ、キムチ、キュウリをのせ、彩りにニンジンをあしらいます。キムチの汁かスープを少量加え、全体を混ぜ合わせて食べます。

ビビンネンミョン

カルクッシュ

きしめんに似た幅広うどん

カルクッシュは、日本のきしめんに似た平打ち麺で、一般に温かく煮込んだものを食べます。

ソウルには、カルクッシュ専門のレストランがあって人気です。そこでは必ずハクサイキムチが添えられてくるのですが、これがカルクッシュとよく合って絶品。カルクッシュに合うキムチは酸味のない浅漬けで、その分ニンニク、トウガラシなどの薬味がふんだんに入っています。カルクッシュの味もさることながら、このキムチとの組み合わせがなんといってもおいしさの秘訣です。

カルクッシュは日本のきしめんで代用してください。ちなみに「妻家房」では稲庭うどんの乾麺を使用していて、好評です。鶏ガラのスープをはじめ具や味つけは本格的。即席ハクサイキムチ（22頁〜）といっしょに召し上がってみてください。

［材料］ きしめん（乾）400g、水1ℓ、鶏ガラ1羽分、牛ひき肉200g、A〈おろしニンニク・塩・コショウ各少々〉、ゴマ油少々、ジャガイモ100g、ズッキーニ100g、ニンジン½本、長ネギ（白い部分）1本分、卵2個、塩（あれば浅漬けハクサイキムチの汁）・牛肉だしの素・刻みノリ各適量

［つくり方］ ①鍋に分量の水を入れ、鶏ガラを加えて火にかけ、だしが出たところで鶏ガラを取り出します。牛ひき肉はAを加えてゴマ油で炒めます。

②ジャガイモ、ズッキーニ、ニンジンは4〜5cm長さのせん切りに、長ネギは小口切りにします。

③①のスープにきしめんを入れてゆで、少しやわらかくなったところで②の野菜を加え、①で味つけした牛ひき肉も戻し入れて煮込みます。

④卵は溶いて薄く焼き、せん切りにします。

⑤③の味をみて、塩、牛肉だしの素で味をととのえ、器に盛り、④の卵と刻みノリを飾ります。

（右から）冷麺、ハルサメ、インスタントラーメンもあって、バラエティに富む

「妻家房」では、カルクッシュの麺を稲庭うどんで代用

カルクッシュ

キムチうどん

キムチうどん
身体の芯まで温まる

冷え込んだ日の夜食におすすめの一品。身体の芯までポカポカになります。

［材料］うどん（乾）400g、ハクサイキムチ200g、万能ネギ½束（または長ネギ1本）、牛薄切り肉150g、ゴマ油大さじ1、水4カップ、キムチの汁少々、煮干し50g、塩・ゴマ油各少々

［つくり方］①うどんはたっぷりの沸騰した湯でゆで、水に取って洗い、ざるに上げておきます。

②ハクサイキムチはざく切りにし、ネギは小口切りにします。

③牛薄切り肉は細切りにし、熱した鍋にゴマ油を入れて炒めます。肉の色が変わったら分量の水、キムチの汁、煮干しと②のハクサイキムチを加えます。

④沸騰したら①のうどんを加えて煮込み、下ろしぎわにネギを入れます。煮干しを取り除き、塩、ゴマ油で味をととのえて器に盛ります。

〔冷やして食べる場合〕器に麺を盛り、冷やしたスープをはる。麺の上に具のキムチ、糸トウガラシ、ヤンニョンジャン、刻みノリ、万能ネギの順にのせ、全体を混ぜ合わせて食べる。

〔温かくして食べる場合〕スープを火にかけて煮立て、ここにゆでて水けをきった麺をざるごとさっとくぐらせて温め、器に盛る。具を盛り、熱々のスープをかけ、ヤンニョンジャンやノリ、ネギをのせる。

冷たくても温かくてもおいしい

キムチそうめん

煮干しとキムチの味でさっぱりと仕立てたそうめんは、冷製も温製も美味。

〔材料〕そうめん400g、スープ〈水5カップ、煮干し100g、だしコンブ50g、牛肉だしの素大さじ1、塩小さじ1〉、ハクサイキムチ200g、糸トウガラシ少々、刻みノリ・万能ネギ小口切り・ヤンニョンジャン（つくり方107頁）各適量

〔つくり方〕①スープをつくります。鍋に分量の水と煮干し（頭とハラワタを除く）、コンブを入れて10分間ほどおき、中火で煮立てアクをすくって4～5分間煮だして火を止めます。煮干しとコンブを漉して除き、牛だしと塩を加えます。

②キムチは汁けを軽くしぼり、ざく切りに。糸トウガラシは短く切ります。

③鍋にたっぷりの湯を沸かしてそうめんをゆで、冷水でよく洗い、ざるに上げて水けをきります（食べ方は右上）。

4 焼き肉、酒の肴

韓国で焼き肉といったら、プルコギが筆頭

プルは火、コギは肉の意味で、韓国でポピュラーな焼き肉といえばプルコギです。鉄鍋で牛肉をつけ汁ごと焼きます。つけ汁を、肉にしっかり手でもみ込むのが、おいしさの秘訣。

日本でおなじみの、骨つきカルビを直火で焼く焼き肉は、韓国ではカルビクイ（焼き）といいます。骨つき肉を手切りで開く方法をご紹介していますので、挑戦してみてください。味わいが、だんぜん違ってきます。

豚三枚肉の焼き肉サムギョプサルは、庶民の強い味方

カルビクイは炎と肉の競演

赤と白のコントラストが美しい

新ニンニクを漬け込むしょうゆ漬けが大人気

肉と野菜をいっしょに食べるのが韓国流

サムギョプサルは、豚三枚肉（バラ肉）を鉄製の釜ふた鍋で（66頁）焼きながら食べる料理です。三枚肉は脂肪層が厚く、これが旨みの素なのですが、焼くと脂がたくさん出ます。釜ふた鍋は、この脂が鍋肌を伝わって自然に周囲の溝にたまる仕掛けになっているので、肉の脂ぎれがよく、さっぱりと食べられるのです。三枚肉をよく食べる韓国の家庭には、たいていこの鍋があります。

五～八月はニンニク漬けの季節。薬効抜群で、しかもおいしい

ニンニクのことをヌマル、しょうゆ漬けのことをジャンアチといいます。ニンニクのほか、キュウリやエゴマの葉、トラジ（キキョウの根）などもしょうゆ漬けにします。なかでもニンニクのしょうゆ漬けは定番中の定番。新ニンニクの季節になると、各家庭の主婦は競ってジャンアチづくりをします。皮つきのまま丸ごと漬けるので、ひねた茎のかたいニンニクではダメ。

「妻家房」でもヌマルジャンアチを販売していますが、すごい売れ行きで、ニンニクの人気の高さは驚くばかりです。ニンニクは薬効も抜群で、風邪にもよく効きます。

牛肉のプルコギ

たれを手でよくもみ込む

韓国に昔から伝わる焼き肉といったらこのプルコギ。プルは火、コギは肉の意味です。穴があいて中央が盛り上がっているジンギスカン鍋に似た専用の鉄鍋で牛肉をつけ汁ごと焼きます。ご家庭でなら、ホットプレートやフライパン、ジンギスカン鍋で焼いてもかまいません。

プルコギは伝統的な庶民の料理なので、材料やたれ、食べ方も家庭によってさまざまです。「妻家房」ではたっぷりの野菜もいっしょに焼いて食べられるように、お出ししています。

牛肉だけを焼く場合は、みそなどをつけたサンチュに肉を包んで食べるのがポピュラーな食べ方です。

［材料］牛肉（すき焼き用赤身）700～800g、もみだれ〈しょうゆ80cc、みりん大さじ3、水大さじ2、ナシのしぼり汁$\frac{1}{3}$カップ、長ネギ（斜め切り）1本分、おろしニンニク大さじ$\frac{1}{2}$、砂糖大さじ3、こしょう小さじ$\frac{1}{2}$、煎りゴマ小さじ2〉、キャベツ300g、タマネギ$\frac{1}{2}$個、エノキダケ1束、生シイタケ4個、彩りに万能ネギと赤ピーマン各適量、牛スープ（だしの素やビーフコンソメを水に溶いたものでもよい）適量

［つくり方］①ボウルに、もみだれの材料を合わせ、牛肉を入れて手でよくもみ込み、2～3時間おきます。

②キャベツは芯を取って1cm幅の細切りに、タマネギは薄切りにします。エノキダケは根元を切り落としてほぐし、生シイタケは石づきを除きます。万能ネギは5cm長さに、赤ピーマンは種を除いて長めの細切りにします。

③プルコギ鍋に①の肉をたれごと並べ、その上に②の野菜ときのこ類をのせます。鍋の縁にスープを少量注ぎ入れてコンロにのせ、卓上へ運んで点火します。

④肉がジュウジュウと焼けてきたら引っくり返して野菜と混ぜ、肉に火が通り、野菜がしんなりしたところからいただきます。鍋の上部が最も焼けやすいので、火が通ったものは鍋肌に沿って下にずらし、空いたところに順次、肉、野菜をのせて焼きます。途中、鍋縁にスープをつぎ足し、焦げないように焼きます。

肉といっしょに、たっぷりの野菜やきのこ類をのせて

仕上げには、たまった汁にもどしたハルサメやごはんを入れ、肉汁をしみ込ませて食べる

プルコギ鍋は中央が盛りあがり、汁が縁へと流れ落ちる

牛肉のプルコギ

サムギョプサル

豚三枚肉の伝統的な焼き肉

サムギョプサルは豚三枚肉の焼き肉料理です。一般に鍋ぶたの形をした鉄製の専用鍋（釜ふた鍋）で焼きながら食べます。もちろんフライパンや溝つきのホットプレート、ジンギスカン鍋などで焼いていただいても結構です。フライパンの場合は肉から出た脂をキッチンペーパーなどで取りながら焼くとよいでしょう。

「妻家房」では、豚三枚肉を筒状に丸めて凍らせ、これを輪切りにした形で供しています。肉の赤身と脂肪層が筒形の模様になって、見た目にきれいで好評ですが、ご家庭ではめんどうでしょうから、肉の薄切りをそのまま用いてください。

[材料] 豚バラ肉（三枚肉）800g、サンチュまたはサニーレタス適量、ニンニク適量、ゴマだれA〈ゴマ油大さじ4、塩小さじ2〉、みそだれB〈みそ大さじ3、コチュジャン（トウガラシみそ106頁）・長ネギ（みじん切り）・ゴマ油各大さじ1、おろしニンニク小さじ1、すりゴマ大さじ½〉、タマネギ適量（好みの野菜でよい）、ゴマ油少々

[つくり方] ①豚バラ肉は2～3㎜厚さにスライスします（薄切り肉を買い求めても結構です）。

②サンチュは洗って水けをきります。

③ニンニクは皮をむいて薄切りにします（または切らずに1片ずつ焼き、そのまま食べてもよい）。

④A、Bそれぞれの材料を混ぜ合わせて、ゴマだれとみそだれをつくり、別々の小皿に入れます。

⑤タマネギは薄い輪切りにします。

⑥①～⑤を食卓に準備してから、焼きはじめます。卓上コンロに釜ふた鍋をのせてよく熱し、ゴマ油をひきます。豚肉を適量のせ、返しながらよく火を通します。肉が焼けたら④のゴマだれにさっとつけて広げたサンチュにのせ、④のみそだれ、③のニンニクの順にのせ、包んで食べます。タマネギも適宜焼いて、④のたれをつけて食べます。21頁のネギサラダも、ぜひのせて食べてみてください。

また、豚肉をサンチュで包まずに④のゴマだれをつけて食べてもよく、好みのスタイルで楽しんでください。

「妻家房」では釜ふた鍋で焼く。家庭ならホットプレートやフライパンを活用して

サムギョプサル

骨つきカルビ焼き

豪快に焼き、豪胆に味わう

肋骨周辺の脂がのった肉、カルビを骨つきで豪快に焼くカルビクイ。クイとは網などの上で直火で焼く焼きものの意で、ここはぜひ炭火で焼いて、肉の真髄を堪能していただきたいものです。

骨つきカルビを骨が連なった塊で購入してさばくのは難しいので、肉屋さんに頼んで一骨ごとに切り分けてもらうとよいでしょう。

肉を入手したら、ぜひ手で横に長く開いてみてください。手切りはたれのしみ込みがよく、機械切りとはひと味もふた味も違います。

［材料］骨つきカルビ700〜800g、つけだれ〈しょうゆ80cc、みりん・砂糖・長ネギ（みじん切り）各大さじ3、酒・ゴマ油各大さじ2、ナシのしぼり汁$\frac{1}{2}$カップ、おろしニンニク大さじ1、コショウ小さじ$\frac{1}{2}$、すりゴマ小さじ2〉

［肉の仕込み方］①まず骨と肉の間に包丁を入れて開く

②さらに肉に包丁を入れて、横に開く

③作業を繰り返して、つぎつぎに横に長く広げていく

④広げた肉に、ところどころたたくようにして切り目を入れる

⑤つけだれの材料を混ぜ合わせ、肉に少しずつ塗っては巻き、塗っては巻いて骨に肉を巻きつけ、皿に並べる

⑥上から残りのたれをかけて冷蔵庫に入れ、一晩おく

［肉の焼き方］よく熱した焼き網に肉を広げてのせ、強火で焼きます。火が通ったところからいただきますが、たれが中までしみ込んでいるので、焼き加減はレアではなく、しっかりめに焼いたほうが美味。食べるときは、ハサミで食べやすく切ります。骨に近いところは火を弱めて時間をかけて焼くと、筋がポロリときれいにとれます。

［ポイント］たれに入っているナシのしぼり汁は、肉をやわらかくする効果があります。ナシのない季節であればキウイフルーツをすりおろして（$\frac{1}{3}$個分ほど）入れてもよいでしょう。

骨つきカルビ焼き

牛刺しのユッフェ

スタミナ抜群の美味

牛刺しのユッフェ

生で食べるので新鮮な肉を求め、食べる直前につくります。

［材料］ 牛赤身薄切り肉400g、A〈ゴマ油・長ネギ(みじん切り)各大さじ2、おろしニンニク小さじ2、しょうゆ大さじ4、砂糖大さじ½、コショウ少々、すりゴマ大さじ1〉、ナシ½個、塩少々、ニンニク薄切り適量、卵黄1個分、松の実大さじ½、飾りに好みでキュウリ・ラディッシュなど各適量

［つくり方］ ①牛肉は肉の繊維に垂直に包丁を引きながら細いせん切りにします。

②ナシは皮をむいてせん切りにし、塩水にさっとくぐらせて水けをきります。松の実は細かく刻みます。

③Aを合わせて①の牛肉を和えます。

④大皿に肉を盛り、松の実、ニンニクの薄切り、卵黄をのせます。周囲にナシを放射状に盛り、好みでラディッシュをのせたキュウリの薄切りを飾ります。

食欲増進の即席メニュー

韓国風冷や奴

キムチを刻んでのせるのもおすすめ。

[材料] 豆腐2丁、ヤンニョンジャン(107頁)・万能ネギ(小口切り) 適量

[つくり方] 豆腐は食べやすく切って、ヤンニョンジャンとネギをかけます。

香ばしさの秘密はゴマ油

パリパリ焼きノリ

韓国の焼きノリは、日本でも大人気。酒の肴にも、ごはんにもピッタリです。

[材料] ノリ全形8枚、ゴマ油・サラダ油・塩各適量

[つくり方] 同量のゴマ油とサラダ油を合わせてノリの片面に塗り、塩をふっては重ね、8枚終わったらくるりと巻いてビニール袋に入れ、しばらくおきます。全体に油と塩がなじんだら、ノリの両面を焼き、4～8等分に切り分けます。

即席イカの塩辛

ハラワタを使わない

韓国では、イカの塩辛にハラワタを入れず、トウガラシなどのヤンニョンでしっかり味をつけるのが一般的です。保存は冷蔵庫で。2週間ぐらいはもちます。

[材料] イカ（刺し身用）1ぱい、塩大さじ1、トウガラシ粉大さじ2、おろしニンニク大さじ½、長ネギ（みじん切り）大さじ2、砂糖大さじ½、ゴマ油大さじ1、すりゴマ小さじ1

[つくり方] ①イカは皮をむき、よく洗います。胴は開いて縦半分に切ってから、4～5㎝長さの細切りに。足は吸盤をこそげ落とし、4～5㎝長さに切ります。

②①のイカに塩をふってもみ込み、冷蔵庫で2日間ほどおきます。

③②のイカの水分をよくふきとってトウガラシ粉を全体にまぶしつけ、なじんだら残りの材料を加えて混ぜ合わせます。時間をおかずにすぐ食べられます。

韓国風イカ刺し

韓国風イカ刺し

ニンニクと酢みそで食べる

ときには、いつものワサビやショウガの薬味とはひと味変えて、ニンニクやピリ辛のみそで新鮮なイカを味わうのはいかがでしょう。

[材料] 刺し身用イカの細切り・サンチュまたはサニーレタス・ニンニクの薄切り・好みで生の青トウガラシ・酢みそ（94頁の材料A）・好みのみそ各適量

[つくり方] サンチュにイカ、酢みそ、ニンニクをのせて包んで食べる。トウガラシはみそをつけて食べるとよい。

即席イカの塩辛

渡りガニの辛味漬け

通もうなる味わい

生の渡りガニを、トウガラシを効かせたたれに漬け込みます。たれのしみ込んだカニにしゃぶりつき、プルプルの身をすするように食す幸せよ。

恰好の酒の肴ですが、甘みもある漬け汁で子どもにも好評です。

一晩おいたらすぐにでも食べられますが、三日くらいたったころからが味もしみて一番の食べ頃です。一〇日くらいもちます。

［材料］ 渡りガニ（新鮮なもの）2はい、酢・水各大さじ5、つけだれ〈ニンニク（薄切り）4片、ショウガ（せん切り）20g、タマネギ（5cm角）1/4個、赤と青のトウガラシ（縦半分に切って種を除き、斜め切り）各1本、糸トウガラシ（刻む）少々、しょうゆ1/2カップ、トウガラシ粉大さじ3、砂糖大さじ1 1/2、煎りゴマ小さじ1〉

［つくり方］ ①生の渡りガニを用意する

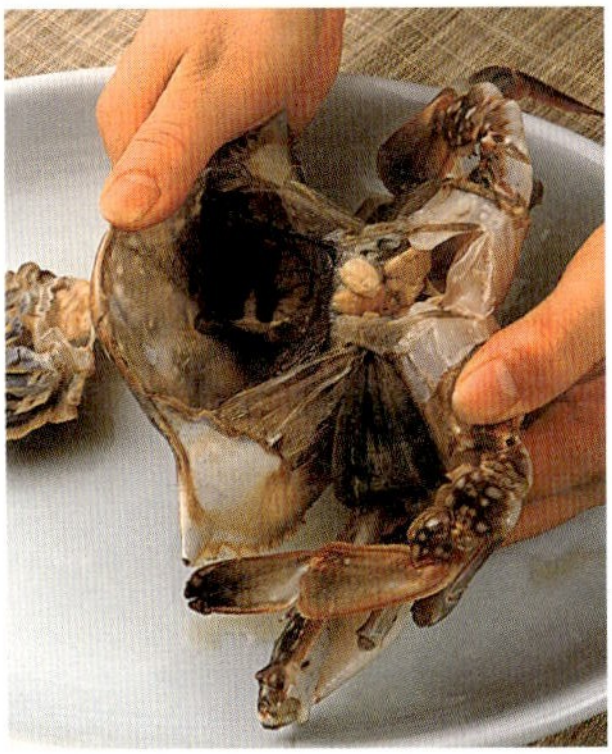

②タワシできれいに洗って甲羅をはずし、中の砂袋を取り除く

③足の先端や爪を切り落とし、太い部分には切り込みを入れる

④身を4つに切り分けて、酢水につける

⑤つけだれの材料を合わせ、④の水けをきって混ぜて冷蔵庫に一晩おく

箸より、手づかみで食べるにかぎる

渡りガニの辛味漬け

皮のまま丸ごと漬ける

新ニンニクのしょうゆ漬け

皮のやわらかい新ニンニクの出回る五〜八月に、ぜひ、しょうゆ漬けをつくってみてください。韓国の家庭では、一年間食べる分を漬け込んで保存しておきます。皮つきのまま丸ごと漬けるので、かたいニンニクではダメ。くれぐれも新ニンニクで漬けることを、お忘れなく。

しょうゆ漬けにすることでニンニク特有のにおいが和らぎ、生のニンニクは苦手という方でも思わず手が伸びます。シャキシャキっとした歯ざわり、ほどよい甘さと酸味のしみ込んだ飽きのこない味は後を引き、食べはじめたら止まらないほどです。

おいしいばかりではなく、本来ニンニクの持つ強壮効果や消化を助けるはたらきなども見逃せません。

わが家でも、風邪気味の者がいると、朝食に必ずこのニンニクのしょうゆ漬けを食べさせます。また、お腹いっぱいごちそうを詰め込んでも、このしょうゆ漬けをいっしょに食べていれば、不思議と胃もたれがありません。

［材料］ 新ニンニク10個、水1ℓ、塩大さじ2、酢1カップ、しょうゆ2カップ、砂糖大さじ5、みりん大さじ3

［つくり方］ ①ニンニクはとうが立っていない若掘りのものを選び、きれいに洗って水けをよくふきとります。

②分量の水（1ℓは目安。ニンニクを漬ける容器に入れたときにひたひたになるぐらいの分量に加減してください）に塩を入れて沸騰させ、冷まして酢を加え混ぜます。

③漬ける容器（陶製のかめや梅酒用のガラス保存ビンなど）に①のニンニクを入れ、②の酢水を注ぎ入れます。ニンニクが上に浮かないように軽く重しをして、3〜4週間ほどおきます。

④鍋にしょうゆと砂糖を入れて一度沸かし、これを冷ましてみりんを加えます。

⑤③のニンニクに酢水がよくしみ込んだところで酢水を⅓量ほどこぼし、④を上から注いで漬け込みます。

⑥1か月ぐらいからが食べ頃になります。そのつど必要な量だけ取り出して食べます。食べるときには輪切りにすると、菊の花のようにきれいですし、実がすぐ取り出せて食べやすいでしょう。

［ポイント］ 酢水で漬けると殺菌効果もあります。下漬けは3〜4週間が目安ですが、長くおけばおくほど酢がニンニクにしみ込んでおいしくなります。下漬け期間は好みですが、2〜3か月はおいておけます。

新ニンニクが出回る時期に、まとめ漬けを

新ニンニクのしょうゆ漬け

5 鍋もの、煮もの、お惣菜

豆腐がたっぷり入ったチゲ。熱々をスッカラですくって食べる

チゲは具だくさん、汁少なめの鍋もの

韓国の食事スタイルは、ごはんに漬けもの（キムチ）、スープ（クッ）、そして鍋もの（チゲ）の四点セットが基本です。今は少し簡略化してきていますが、それでもチゲとクッが、いっしょに食卓に並ぶことはよくあります。

えっ、鍋ものとスープをいっしょに⁉　とびっくりされるかもしれませんけれど、クッは具が少なくて汁の多い料理、チゲは具だくさんで汁は少なめ、というように、きちんと区別してつくられているのです。

また、クッは銘々の器によそいますが、チゲは小ぶりの土鍋（トゥッペギ）でつくって、そこから直接さじ（スッカラ）で、みんな

味がしっかりしみ込んだ豆腐のチョリム

チム料理の代表格、カルビチム。煮込んだ骨つき肉が、とろけるようなおいしさ

でとって食べます。

チゲには大きく二種類あって、一つはアミの塩辛か塩で味つけをする塩味タイプ、もう一つはコチュジャンやみそで味つけする辛味タイプです。

みんな煮もの。チム、チョリム、チゲはどう違う?

チムやチョリムは、一般に「煮もの」と訳される場合が多いですし、チゲも鍋ものと訳されたり、煮ものと訳されたりします。そこで、チム、チゲ、チョリム、それぞれの違いについて簡単にふれておきましょう。

まず、チムはカルビチムの項(86頁)でも述べるように、少ない煮汁でフタをして、蒸気を回して煮る蒸し煮です。汁がすくえる程度に煮上げます。チゲは、先に述べたように、具だくさんで汁は少なめ(二対一くらいの割合です)の鍋ものです。

そしてチョリム。これはチゲより少ない濃いめの汁でほとんど汁けがなくなるまで煮詰める煮つけです。肉や魚、イモ類、豆類などの材料が使われます。のちほど紹介する豆腐のチョリム(96頁)も、焦げつかさないように味をしみ込ませて煮るのがポイントです。

具だくさんで汁は少なめ

キムチと豚肉のチゲ

鍋もののことを韓国語でチゲといいます。チゲは具だくさんで汁は少なめ。ちなみにもう一つ、すきやき風に食卓で炒め煮しながら食べるチョンゴルという鍋ものもあります。

対してクッと呼ぶスープは具が少なめで汁が多いという違いがあります。クッは大鍋でつくって、銘々の器によそいますが、チゲは一つの鍋からみんなでスプーン（スッカラ）ですくって食べます。

発酵が進んで少し酸味の出たハクサイキムチを使ったチゲは、どこの家庭でもつくる日々のお惣菜。ここではキムチと相性のよい豚肉を合わせましたが、組み合せは自由自在。具はお好みで、アサリやカキ、タラなどの魚介もよく、また、煮干しのだしでさっぱり味に仕立ててもおいしいものです。

［材料］　ハクサイキムチ600g、豚バラ肉250g、長ネギ1本、タマネギ½個、エノキダケ1束、豆腐¾丁、サラダ油大さじ3、水2½カップ、牛肉だしの素大さじ½、コチュジャン大さじ1、塩少々

［つくり方］　①ハクサイキムチは軽く汁をしぼって食べやすく切ります。

②豚バラ肉は一口大に切ります。

③長ネギは斜め切りにし、タマネギは大きめのざく切りにします。エノキダケは根元を取ってほぐします。豆腐は奴に切ります。

④鍋にサラダ油を熱し、②の豚肉を入れて炒め、肉に火が通ったら①のキムチを加えてさっと炒め合わせます。

⑤④の鍋に分量の水を入れて牛肉だしの素とコチュジャンを加え、沸騰してきたら③の豆腐を入れて長ネギ、タマネギ、エノキダケを形よく並べ入れ、野菜がやわらかくなるまで煮ます。味をみて、足りなければ塩を加えて調味します。

ハクサイキムチは鍋ものやお好み焼き、炒めものにと大活躍

チョンゴルは平たい鍋で、食卓で炒め煮しながら食べる

韓国では、チゲは一般に小さな土鍋で仕立て、熱々をみんなで食べる

キムチと豚肉のチゲ

生ダラのチゲ
だし汁の絶妙な味わい

魚介の旨みと野菜の甘みが、少し辛めの汁と混ざり合って、コクのある深い味わいを醸し出します。魚をイシモチにすると、より豪華な鍋に。

[材料] 生ダラ2尾、ハマグリ200g、ダイコン200g、ズッキーニ1本 タマネギ½個、長ネギ1本、シュンギク30g、生シイタケ4個、青トウガラシ2本、豆腐¾丁、水3カップ、トウガラシ粉大さじ1½、コチュジャン大さじ1、塩小さじ1、A〈しょうゆ大さじ3、おろしニンニク大さじ½、おろしショウガ小さじ1、コショウ小さじ¼〉

[つくり方] ①タラはうろこを落とし、内臓を除いて頭を切ります（頭もチゲに入れると美味）。身は5等分に切ります。ハマグリは砂だしをしてきれいに洗います。

②ダイコンは8㎜厚さの半月切りにしてから縦4つに切ります。ズッキーニは5㎜厚さの半月か輪切りにします。タマネギは4～5㎜厚さにスライスします。長ネギは縦半分に切ってから斜め切りにします。

③シュンギクは茎のかたいところを除き、2等分に切ります。生シイタケは軸を除き、笠に十文字の切り目を入れます。

④青トウガラシは斜め細切りにし、豆腐は大きめの角切りにします。

⑤鍋に分量の水を入れ、トウガラシ粉、コチュジャン、塩を加えて溶かし、②のダイコンを入れて火にかけます。沸騰したら①のタラ、ハマグリを加え、④の豆腐を入れて、上にシュンギク以外の野菜をのせます。

⑥Aを合わせて⑤の上にかけます。中火の火加減で、ときどきアクを除き、煮汁をすくって全体にかけながら、材料に火を通します。火から下ろす直前にシュンギクを加え、さっと煮ます。

おぼろ豆腐のチゲ
ふんわり優しく温か

アミの塩辛と塩で、さっぱり味に仕上げます。ふんわりとろりとして、滋味豊かなチゲです。

[材料] おぼろ豆腐（大きめの角切りに。絹ごし豆腐でもよい）800g、アサリ100g、ゴマ油大さじ1、トウガラシ粉大さじ½、水2カップ、牛肉だしの素大さじ1、アミの塩辛・長ネギ（みじん切り）各大さじ2、塩小さじ1

[つくり方] ①アサリはよく砂出しをして洗い、水けをきって鍋に入れ、ゴマ油とトウガラシ粉を加えて炒めます。

②①に分量の水と牛肉だしの素を入れて煮立てます。アサリからだしが出たら豆腐の水けをきって加え、アミの塩辛、塩も加えます。

③さっと煮立ててネギを加え、少し煮て火を止め、ゴマ油少量（分量外）を加えて風味をつけます。

生ダラのチゲ

おぼろ豆腐のチゲ

ごはんにかけても至福の味

テンジャンチゲ

具がたっぷり、味もしっかりついた韓国の代表的なお惣菜です。私なら、このテンジャンチゲがあれば、ほかに何もなくてもごはんが済んでしまいます。ごはんにかけて混ぜごはん風にして食べると至福の味です。

テンジャンチゲのテンジャンとはみそのこと。韓国では今でも、家庭でつくっているところが多く、韓国に暮らす私の母も、毎年みそやしょうゆ、コチュジャン(トウガラシみそ)を手づくりして、日本に住む私たち家族に送ってくれます。

韓国のみそは豆みそといって、ほとんど大豆のみでつくります。大豆の旨みと塩味(といっても塩辛くありません)が基本で、甘みはほとんどありません。日本では、米や麦の麹で甘みを出すみそが主流ですが、このチゲなどに使うみそとしては、甘みのない同じ豆みそ仲間の八丁みそ(東海豆みそ)がおすすめです。

［材料］アサリ5～6個、ズッキーニ1本(120g)、長ネギ1/3本(または万能ネギ1/2束)、タマネギ1/4個、青トウガラシ3本、豆腐1/2丁、みそ大さじ3、コチュジャン(106頁)大さじ1、煮干し50g、水4 1/2カップ、牛肉だしの素小さじ1、おろしニンニク小さじ1/2

［つくり方］①アサリはよく砂出しして、きれいに水洗いします。

②ズッキーニは1㎝厚さの角切りにします。ネギは小口切りにし、タマネギは薄切りにします。青トウガラシは斜め薄切りにします。豆腐は奴に切ります。

③煮干しは頭とハラワタを除いてミキサーにかけ、粉にします。

④鍋に分量の水を入れ、みそとコチュジャンを加えて溶き混ぜます。

⑤④の鍋に③の煮干しの粉と牛肉だしの素を加えて火にかけます。沸騰してきたら①のアサリ、②のズッキーニ、ネギ、タマネギとおろしニンニクを入れ、ふたたび沸騰したら青トウガラシ、豆腐を加えてさっと煮立てます。

チゲは韓国では一般に、この小鍋サイズでつくる。冷めにくく熱々を食べられるからだが、日本の家庭では小さい土鍋(トゥッペギ)がない場合が多いので、左写真のような冷めにくい鍋で

大豆の旨みが生きている韓国の豆みそ。テンジャンチゲ(みそ鍋の意)には八丁みそで代用を

テンジャンチゲ

贅沢なビーフシチュー

カルビチム

チムというのは、少ない汁で煮る蒸し煮料理のことで、カルビチムはカルビ肉を贅沢に使った韓国版ビーフシチューといったところでしょうか。時間をかけてこっくりと煮込んだ骨つきカルビの味は絶品です。スプーンで触ると、すっとはがれる肉のジューシーでやわらかいおいしさは、特筆もの。大ぶりに切ったダイコンやニンジンも肉の旨みを吸って口の中でとろけるようです。見た目にも豪華ですから、おもてなし料理にも最適です。

［材料］ 骨つきカルビ肉750g、ニンニク5片、長ネギ4cm分、ダイコン300g、ニンジン½本、生シイタケ4個、赤トウガラシ1本、しょうゆ½カップ、水2カップ、おろしニンニク大さじ1、みりん大さじ3、砂糖大さじ3、ナシのしぼり汁½カップ、コショウ小さじ½、煎りゴマ小さじ2、松の実適量、万能ネギ¼束

［つくり方］ ①骨つきカルビ肉（ブロック肉なら1本ずつ切り離す）は、鍋に入れてかぶるくらいの水（分量外）を注ぎ、ニンニク、長ネギを加えて火にかけます。肉を箸で押して、血が出なくなるまでゆでて水けをきります。

②ダイコン、ニンジンはそれぞれ皮をむいて太めの拍子木切りにし（長さはカルビ肉に合わせる）、角を切り落として面取りをします。次にダイコン、ニンジンをいっしょに鍋に入れ、少量の水を加えてダイコンの色が少し変わるくらいにさっとゆでておきます。

③シイタケは石づきを取って細切り、赤トウガラシは斜め4つ切りにします。

肉は食べるときに豪快にハサミで切り分ける。骨と肉の間にもハサミを入れる

④しょうゆと分量の水を合わせて鍋に入れ、おろしニンニク、みりん、砂糖、ナシのしぼり汁も加えて混ぜ合わせ、この中に①のカルビ肉を入れて強火にかけます。煮立ったら中火にし、箸で肉を返しながら肉に汁がかかるようにして煮、煮汁が半量ほどになったら②と③の野菜ときのこ類を加え、フタをして蒸し煮にします。

⑤ときどき煮汁を回しかけ、鍋返しをしながらことことと煮、汁けがほとんどなくなってきたら、コショウ、煎りゴマ、松の実をふり入れます。全体を混ぜ合わせて火から下ろし、食べやすい大きさに切った万能ネギを添えます。

トウガラシ粉は入れず、しょうゆで少し甘めの味つけにするのが特徴。汁の味が材料にしみるまで、じっくり煮込む

カルビチム

牛すね肉と
ダイコンの煮もの

たれをもみ込んで煮る

牛すね肉とダイコンの煮もの

カルビチム同様、少量の煮汁を回しかけて煮ます。少しピリ辛味に仕上げます。

［材料］牛すね肉500〜600g、ダイコン300g、長ネギ1本、A〈しょうゆ80cc、おろしニンニク大さじ½、コチュジャン（106頁）大さじ1、みりん大さじ3、砂糖・ゴマ油各大さじ2、コショウ少々〉、水1カップ、煎りゴマ小さじ2

［つくり方］①牛すね肉は食べやすい大きさに切り、Aを加えて混ぜ合わせ、さらに手でよくもみ込みます。ダイコンは乱切りに、長ネギは斜め切りにします。

②鍋にダイコンを入れ、上に牛すじ肉をのせて分量の水を回し入れ、強火にかけます。煮立ってきたら中火にし、ダイコンに煮汁がしみたら上下を返して長ネギを加え、全体に汁を回しながら煮含めます。汁けがほとんどなくなったら煎りゴマを加えて仕上げます。

サバの煮もの

ごはんのおかずにピッタリ

サバの煮もの

みそとコチュジャンのこってり味が、ごはんのおかずにピッタリ。サバの下に敷いたダイコンが焦げつきを防ぎます。

［材料］サバ1尾（500g）、ダイコン200g、長ネギ1本、赤トウガラシ3本、合わせだれA〈しょうゆ大さじ5、みそ・コチュジャン（106頁）・トウガラシ粉・おろしニンニク各大さじ1、おろしショウガ小さじ½、砂糖大さじ1、水½カップ〉

［つくり方］①サバは頭と内臓を取ってきれいに洗い、斜めに4つ切りにします。

②ダイコンは1㎝厚さの半月切り、長ネギ、赤トウガラシは斜め切りにします。

③鍋にダイコンを入れ、合わせだれAを少量かけて混ぜ合わせ、その上にサバをのせます。サバの上から残りのたれをかけ、落としぶたをして火にかけます。沸騰したら長ネギ、赤トウガラシを加え、ときどき煮汁をかけながら煮含めます。

和えものやみそと包んで食べる

ゆで豚肉のボサム

ボサムは包むという意味で、香味野菜と塩ゆでした豚バラ肉の塊を、薄切りにしてサニーレタスなどの葉に包んで食べます。豚肉と相性のよいアミの塩辛のたれやみそだれ、ダイコンの和えものを添えて、味のアクセントに。

ゆでた豚肉は冷やしてもおいしく、オードブルに、また冷麺やそうめんにのせたりと幅広く使えます。

［材料］豚バラ肉（塊）1kg、A〈ニンニク1個、ショウガ50g、長ネギ1本、タマネギ½個、塩小さじ1½、砂糖大さじ2、みりん大さじ3、コショウ少々〉、ダイコン300g、塩小さじ½、B〈トウガラシ粉大さじ2、おろしニンニク大さじ½、おろしショウガ小さじ½、イワシのエキス大さじ3、砂糖小さじ1、煎りゴマ大さじ½〉、長ネギ1本、セリ½束、サニーレタス適量

［つくり方］①Aのニンニクは粒をほぐし、ショウガは薄切りに。長ネギはぶつ切りにし、タマネギはくし形に切ります。

②鍋に豚バラ肉を入れて肉がかぶるくらいの水を注ぎ、Aの材料を合わせて強火にかけます。沸騰したら中火にし、フタをしてアクを取りながら30～40分煮ます。竹串を刺して澄んだ肉汁が出てきたら豚肉を引き上げ、少し冷ましてから薄切りにします。

③ダイコンの和えものをつくります。ダイコンはせん切りにし、塩をふってもみ、しばらくおいて水けが出たら軽くしぼってBのトウガラシ粉をふり混ぜて合わせます。残りのBの材料と、長ネギ（4～5㎝長さのせん切り）、セリ（葉は除き、茎を4～5㎝長さに）を加えてさっくりと和えます。

④みそだれとアミの塩辛だれをつくります。材料（下記）を合わせます。

⑤盛り合わせます。豚肉といっしょにダイコンの和えもの、または④のみそだれやアミの塩辛だれをサニーレタスで包んで食べます。

みそだれ（写真上）とアミの塩辛だれ（下）

［みそだれの材料］みそ大さじ3、コチュジャン・長ネギ（みじん切り）・ゴマ油各大さじ1、おろしニンニク小さじ1、すりゴマ大さじ½

［アミの塩辛だれの材料］アミの塩辛200g、長ネギ（みじん切り）・ゴマ油各大さじ1、おろしニンニク小さじ1、すりゴマ大さじ½

サニーレタスを広げて豚肉をのせ、ダイコンの和えものをのせて包んで食べる

ゆで豚肉のボサム

人気沸騰のスパイシーチキン

揚げ鶏の甘辛和え

韓国語の料理名は、ヤンニョントンダといいます。トンダは鶏一羽分という意味ですから、本来、鶏一羽を丸ごと全部使ってつくるものです。ここではぶつ切り肉を使いますが、ポイントは必ず骨つき肉でつくること。骨つき肉のほうが煮込んだり揚げたりしたときに身の縮みが少なく、味よく仕上がるからです。

さて、このヤンニョントンダは、小麦粉をつけて一度揚げ、さらにパン粉をつけてもう一度揚げます。さらにヤンニョンで和えるという、ひと手間かけた一品。普通のから揚げとはまた違った香ばしさが味わえます。

［材料］ 鶏骨つきぶつ切り肉500～600g、たれA〈おろしニンニク大さじ½、ショウガのしぼり汁大さじ1、塩小さじ½、コショウ小さじ1〉、小麦粉適量、水1カップ、小麦粉（衣用）⅔カップ、揚げ油（サラダ油）適量、パン粉適量、甘辛だれB〈水飴・トマトケチャップ各大さじ6、コチュジャン（106頁）大さじ2、おろしニンニク小さじ1、練りがらし大さじ1、コショウ小さじ½、ゴマ油小さじ1〉、ピーナツ適量、好みで長ネギ・赤ピーマンなど各適量

［つくり方］ ①鶏骨つき肉は大きければ3㎝ぐらいに切ってボウルに入れ、Aのたれを加えて手でもみ込むようにしてよく混ぜ、30分ほどおきます。

②①の鶏肉に味がよくなじんだら、小麦粉を加えて全体にからめます。

③分量の水と小麦粉を合わせて衣をつくります。

④②の鶏肉を③の衣にくぐらせ、170℃に熱した揚げ油に入れて、4～5分かけてカラリと揚げます。

⑤油をよくきり、衣にもう一度くぐらせてパン粉をまぶしつけ、ふたたび170～175℃の揚げ油に入れて30秒ほど揚げ、パン粉がパリッとしたら油をきっておきます。

⑥⑤の鶏肉を、たれBの材料を合わせたボウルに入れ、さっくりと和えます。好みで、素揚げしたネギや赤ピーマンもいっしょに和えて皿に盛り、上に砕いたピーナツを散らします。

水飴やコチュジャン、ケチャップ入りの甘辛だれが、揚げ鶏にしっかりからむ。お弁当のおかずにもどうぞ

●ポピュラーな煮ものの鶏タン

鶏一羽を丸ごと使う煮もの料理の代表格といえば、滋養・薬用効果のあるスープとして知られるサムゲタン。ここでは、もっと簡単につくれる鶏タンというポピュラーな煮ものをご紹介しておきましょう。鶏骨つき肉をぶつ切りにして、モツなどもいっしょに鍋に入れます。大ぶりに切ったジャガイモまたはダイコンを加え、しょうゆ、おろしニンニク、おろしショウガなどのヤンニョン（薬念。薬味のこと）と水を入れて蒸し煮にします。煮汁は鍋の下にたまるぐらいの分量にし、カルビチム（86頁）と同じ要領で、煮汁を回しかけながらじっくり煮ます。

揚げ鶏の甘辛和え

オジンオムチム

イカと野菜の甘酢和え

オジンオはイカの意。つまりオジンオムチムとはイカの和えもののことです。新鮮なイカをゆでて、キュウリやミツバと甘酸っぱいたれで和えたもので、たびたび食卓に登場する人気の料理です。

たれの味つけは家庭によって変わりますが、酢を入れて甘酸っぱくするのが特徴で、これは共通です。さっぱりとした味わいは、ごはんのおかずにはもちろん、日本酒にもよく合います。

［材料］ イカ2はい、塩少々、キュウリ1本、塩少々、ミツバ（またはセリ）50g（½束）、タマネギ½個、A〈コチュジャン（106頁）・酢各大さじ2、長ネギ（みじん切り）大さじ3、おろしニンニク・おろしショウガ各小さじ1、トウガラシ粉小さじ2、砂糖・ゴマ油各大さじ1〉、煎りゴマ小さじ1

［つくり方］ ①イカは胴から足、内臓を引き抜き、よく洗います。胴はエンペラをとって皮をむき、切り開いて縦半分に切って、それぞれ内側に斜め格子の切り目を入れ、1㎝幅の細切りにします。足は1本ずつに分け、胴と同じ長さに切ります。

②沸騰した湯に塩少々を加え、①のイカを入れてさっとゆで、ざるに上げます。

③キュウリは斜め薄切り、タマネギは薄切りにし、塩をふってもみ、しばらくおいて出てきた水けを軽くしぼります。

④ミツバは食べやすく切ります。

⑤ボウルにAの材料を混ぜ合わせ、イカと③にミツバを加え、手でよくもみ和えます。器に盛り、煎りゴマをかけて供します。

●生イカの和えものはいかが？

刺し身用のイカであれば、ボイルせず生でフェ（韓国風刺し身）にして食べるのも一興。72頁でサンチュにニンニクやみそといっしょに包んで食べる韓国風イカ刺しをご紹介したので、ここでは生の和えものを。たれはオジンオムチムと同様、甘酸っぱくし、レモン汁を加えます。ダイコンのせん切りや赤・青トウガラシの細切り、キュウリの薄切りなど好みの生野菜をたっぷり混ぜたり、添えたりして召し上がれ。

生イカの和えもの

オジンオムチム

豆腐のチョリム

濃いめの汁でしっかり煮つける

　豆腐のチョリム（煮もの）は、しっかり味がしみ込んで、いくらでも箸がすすみます。ヤンニョンジャン（薬味しょうゆ。ここでは107頁で紹介した材料に少し手を加えたものを使用）をかけて重ね煮にしてつくります。

　豆腐には塩とコショウで下味をつけ、あらかじめサラダ油で焼いてあるので、コクがあり、また煮崩れしません。ただ煮汁が少ないため、焦げつきやすいので要注意。味が豆腐にしみるまで、弱火で煮つけます。

［材料］豆腐（木綿）1丁、塩小さじ1、コショウ小さじ1/3、小麦粉適量、サラダ油適量、ヤンニョンジャンA（107頁のヤンニョンジャンを使ってもかまわない）〈しょうゆ・水各大さじ3、みりん・長ネギ（みじん切り）各大さじ1、おろしニンニク・トウガラシ粉・すりゴマ（または煎りゴマ）各小さじ1、砂糖小さじ1/2、ゴマ油大さじ1〉、糸トウガラシ少々

［つくり方］①豆腐は厚手の乾いたふきんで包み、10分ほどおいて水けをきり、縦半分に切ってから横8㎝幅に切ります。

　②塩とコショウを混ぜ合わせ、①の豆腐にまんべんなくふります（塩だけでふると、豆腐が白いので塩がついた個所がわかりにくい。コショウと混ぜてふると一目瞭然）。

　③②の豆腐に小麦粉を薄くまぶしつけ、サラダ油を熱したフライパンで両面を色よく焼きます。

　④鍋に③の豆腐を並べ、上から材料を合わせたヤンニョンジャンAをかけ、さらに豆腐を重ねてヤンニョンジャンをかけ、これを繰り返します（何段に重ねるかは鍋の径の大きさによります）。最後に糸トウガラシを散らして落としぶたをし、中火から弱火の火加減で煮ます。ときどき煮汁を全体にかけながら、焦がさないようにして、鍋底に煮汁が少し残る程度まで煮詰めます。

焦がさないように、汁けがなくなるまで煮詰める

●韓国のお豆腐屋さん事情

　韓国のお豆腐屋さんにも、絹と木綿、二種類の豆腐がありますが、日本のものより少しかためです。ほかに、おぼろ豆腐や揚げ豆腐、また、ビジとよばれるおからなどもあります。ビジは、キムチや豚肉と煮たり、チゲに入れたりと便利に使える食材です。

　日本のお豆腐屋さんにはないものといったら、夏のビビンパプ（30頁〜）でご紹介したムク。ちょうど板コンニャクのようにして売られています。

豆腐のチョリム

最強コンビの面目躍如

豆腐の豚キムチ添え

少し古くなって酸味の出たハクサイキムチと豚肉の最強コンビが、ここでも活躍。冬場なら、豆腐を温めてもよいでしょう。

［材料］豆腐（木綿）1丁、ハクサイキムチ300g、豚もも薄切り肉150g、万能ネギ1/3束、タマネギ1/3個、ゴマ油大さじ2、A〈砂糖・煎りゴマ各小さじ1、牛肉だしの素・トウガラシ粉・コショウ各少々〉

［つくり方］①豆腐は十分に水けをきり、縦半分に切って横2cm幅に切ります。

②ハクサイキムチは軽く水けをしぼり、4cm長さの細切りに。豚肉は4cmの短冊形に切ります。万能ネギは小口切り、タマネギは薄切りにします。

③フライパンにゴマ油を熱し、②の豚肉を入れて炒め、肉の色が変わったら②のキムチ、野菜類とAを加えて炒め合わせ、①の豆腐と皿に盛り合わせます。

韓国の餅を甘辛く炒め煮に

トックポッキー

トックポッキー

トックは、うるち米でつくった韓国の餅。モチモチした食感の日本のお餅と違って、お団子に近い食味です。細長い棒状のものと、小判形のものがあります。

トックポッキーは、この餅を野菜といっしょにゴマ油で甘辛く炒め煮にした一品。スナック感覚で食べられるので、年代を問わず人気があります。

［材料］トック（棒状）500g、A〈しょうゆ・コチュジャン（106頁）各大さじ3、おろしニンニク・粉トウガラシ各小さじ1、牛肉だしの素・砂糖各大さじ$\frac{1}{2}$、水50cc〉、さつま揚げ200g、キャベツ100g、赤ピーマン1個、万能ネギ$\frac{1}{3}$束、タマネギ$\frac{1}{2}$個、ゴマ油大さじ2

［つくり方］①さつま揚げ、キャベツ、赤ピーマンは一口大に切ります。万能ネギは5cm長さに切り、タマネギは薄切りにします。

②鍋にAを入れて火にかけ、沸騰したらトックと①のさつま揚げを加えて木べらで混ぜながら煮、トックがしんなりしてきたら①の野菜を加えます。

③木べらでそっと混ぜながらトックに味がしみ込むまで炒め煮にし、ゴマ油を回し入れて仕上げます。

トック（餅・左）とオデン（さつま揚げ・右）。写真のトックは日本のメーカーがコシヒカリを原料につくったもの。韓国のさつま揚げは日本のものより形状が薄い。「妻家房」では冷凍のまま販売している

人間国宝に学ぶ宮廷料理

黄慧性先生（左）と筆者（「妻家房」にて）

●韓国料理の最も洗練された形

韓国料理は宮廷において洗練され、それが、宮廷と交流のあった高級官吏を通じて民間にも普及していきました。

宮廷料理の世界には、家庭料理とはまた別の独特な調理法と固有の形式をもった食体系が確立されています。私も韓国料理を研究するなかで、宮廷料理のことを書物で調べたりもしますが、本国に帰ったときには、この道の大家に教えを請うことにしています。その師とは、韓国の重要無形文化財「朝鮮王朝宮中飲食」の技能保有者である（宮廷料理における人間国宝）黄慧性《ファンヘェソン》先生です。

黄先生は、日本の大学で家政学を修めた後帰国して、二三歳（一九四三年）で李王朝最後の王・純宗の王妃の厨房に入られ、そこで宮廷料理のすべてを伝授されました。現在は、(社)宮中飲食研究院の理事長を務められ、宮廷料理の伝承に尽力されています。実際の技術指導などは、弟子でもある長女の韓福麗《ハンボォレ》さんに任せていらっしゃいますが、私は帰国のたびに黄先生を訪ね、山のように質問をしているのです。

●宮廷料理のさまざまな決まりごと

宮廷料理には多方面にわたって細かい決まりごとがあり、それが独自の様式を形成しているといえます。例えば、朝はまずおかゆからはじまり、点心（昼）をはさんで朝・夕食。この朝・夕食がまた、五湯十二楪（五汁十二菜）といって、ごはん、キムチのほかに、スープや鍋ものが五種類と、一二種類のおかずが三つのお膳に並ぶ豪華なものです。その配膳方法にも決まりがありますし、食べる順序も作法で決められているのです。

そして、朝と夕では主材料を替えるのはもちろん、一二のおかずのなかでも調理法が重ならないように工夫されます。ですから材料も吟味され、高度な調理技術を要する手の込んだ料理の数々が生み出されるに至ったのです。

宮廷料理の真髄は、慶弔を重んじる庶民の間にも伝承され、婚礼などハレの日に欠かせない神仙炉や九節板は、日本の方にもおなじみの料理だと思います。これらは宮廷の酒肴膳として設《しつら》えられたものでした。

神仙炉

●神仙炉（シンソンロ）

代表的な宮廷料理の一つです。中央に煙突のついた専用鍋（しゃぶしゃぶ鍋に似ている）に、海の幸、山の幸を色とりどりに入れて加熱しながら食べます。おもな材料は、牛肉、牛センマイやレバー類、肉だんご、白身魚、卵、ニンジン、セリ、シイタケ、イワタケ、タケノコ、クルミ、ギンナンなどで、すべて食べられるよう下ごしらえして鍋に入れます。

牛肉や白身魚はジョン（小麦粉、卵液をつけて焼く）にして、また、野菜はゆでて、クルミやギンナンは皮をむいたものを使います。ジョンや野菜は、鍋の大きさに合わせて切りそろえ、色合わせを考えて、交互に鍋に並べ入れます。牛肉でとったスープをはり、鍋中央の煙突に炭またはガスバーナーを入れて食卓へ運びます。

タイの蒸しもの

●タイの蒸しもの（トミチム）

挙式後、新婦が新郎宅へ持参する魚の蒸しものとしても知られる、非常に手の込んだ一皿です。

魚はタイを用います。タイはハラワタとうろこをとって頭をつけた状態で上身をそぎ、上身、下身に塩をふります。上身は三等分に切って小麦粉、卵液をつけて（頭と尾にはつけない）油で焼き、下身はそのまま焼きます。せん切りにしたピーマン、ニンジン、セリ、シイタケはそれぞれ下煮しておきます。タイの下身に上身を魚の形に戻して並べ、その上にせん切りの野菜を彩りよく並べてのせます。これを形を崩さないように蒸し器に入れて蒸します。

九節板

●九節板（クジョルパン）

九つに区分けされた八角形の器を九節板といいます（写真は家庭用などに簡略化されたもので七つに分かれていますが、これも九節板と呼びます）。中央には小麦粉と卵で焼いたミルチョンピンという薄皮を入れ、周囲八つの仕切りに八種類の材料を入れますが、この八種類は、陰陽五行説による五色である白、青、黄、赤、黒をそろえる決まりになっています。器が美しく具の彩りもきれいで、とても華やかな料理です。

八種類の材料には、キュウリやピーマン、牛肉、卵（白身、黄身）、イワタケ、モヤシ、シイタケやマツタケ、アワビ、ニンジンなどが用いられ、それぞれ下味をつけて焼いたり和えものにして器に順番に詰めていきます。真ん中に入れた薄皮にそれぞれの材料を少しずつのせて包んで食べます。

エビの蒸しもの

●エビの蒸しもの（テーハーチム）

慶事やお正月、お盆の宴席に欠かせない、エビの蒸しものです。

有頭エビ（大）の頭と尾を残して殻をむき、背開きにします。卵の白身と黄身をそれぞれ薄焼きにしてせん切りにしたもの、シイタケ、キュウリの皮をそれぞれせん切りにしてゴマ和えにしたものなどの具を用意します。エビの背に小麦粉と卵白をつけて、用意した具をのせ、蒸し器で蒸します。

トウガラシとコチュジャン、たれの話

糸トウガラシ（上）、細びき（右）、粗びき（左）

●トウガラシ

●消化を助け、食欲を増進させる

トウガラシは、ニンニクとともに韓国料理に欠かせない香辛料です。韓国料理は辛いという印象をおもちの方も多いようですが、韓国のトウガラシは日本のものより辛みがマイルドで、むしろ甘みさえあります。形は肉厚、大ぶりです。

トウガラシの辛みのもとは、カプサイシンという成分。この成分が胃の粘膜を刺激して消化を助けたり、食欲を増進させます。また、血行をよくし、発汗作用を高めるため、冬は身体が温まり、夏は気持ちのよい汗をかいて、気分がさっぱりとするわけです。

また、ビタミンAやCが豊富に含まれ、栄養面でも優れています。そのうえ殺菌作用や脂肪の腐敗を防ぐ働きもあり、キムチなどの食品には不可欠のものです。

●用途に応じて使い分けよう

トウガラシには、完熟した赤トウガラシを乾燥させてひいた粉のものと、糸状に細かく切った糸トウガラシがあります。

粉にひいたものには三種類あり、ひき方によって粗びき、中びき、細びき（粉トウガラシ）に分かれます。

粗びきは種ごとひいたもので色も辛みも強め。これだけを単独で使うことはあまりなく、他のトウガラシ粉とブレンドしてキムチなどに使用します。

中びきは、種を除いてひいたもので、一般的にキムチにはこれを使います。本書もとくに断りのないものは、すべて中びきを使用しています。

細びきは、種を除いて細かくパウダー状にひいたもの。辛みは弱く、色を楽しむ水キムチやスープ、チゲなどに向きます。

糸トウガラシは飾りによく使用されます。それぞれ好みや用途に合わせて使い分けましょう。

コチュジャン

もち米のコチュジャン（左）、麦のコチュジャン（右）

代表的な韓国の調味料

コチュジャンはトウガラシみそのことで、韓国料理の味を決める代表的な調味料です。韓国では今でも家庭で手づくりしているところもあり、私の母も二種類のコチュジャンをつくって、かめに保存しています。

つくり方や用いる材料は地域や家庭によって変わりますから、出来上がったコチュジャンの味も一様ではありません。各家ごとの味があるわけですが、辛みと甘みに旨みが加わった複合調味料であることは共通しています。

もち米や麦のコチュジャン

コチュジャンの主材料にはいくつかあり、一番上等なものはもち米でつくるコチュジャン。次にうるち米、そして麦、小麦粉などです。

もち米の場合は、まず、もち米を蒸して乾燥させ、粉にしてだんごにし、ゆでて豆麹の粉や塩、トウガラシ粉を加え、かきまわしてつくります。これをかめやつぼに仕込んで熟成させます。麦は発芽させた後、蒸して乾燥させ、粉にして水につけ、上澄みをとります。この上澄みに豆麹の粉、塩、トウガラシ粉を加え、どろりとなるまで煮て、あとはもち米のときと同じように熟成させます。母はこの二種類をつくり、それを日本で暮らす私たちにも送ってくれています。

もち米でつくる上等のコチュジャンは、野菜につけて食べたり和えものに、麦のコチュジャンは、鍋ものや焼きもの、煮ものにと幅広く使います。

コチュジャンは、最近では日本のスーパーなどでも売られています。手づくりするのは少々手間がかかりますので、まずは市販のものを購入して存分に活用することをおすすめします。

ヤンニョンジャン

ヤンニョンは薬念、ジャンはしょうゆの意味で、韓国料理の味のベースとなる薬味しょうゆだれです。冷蔵庫に常備しておくと、いろいろに使いまわせて重宝します。つくりおきするなら、ネギ、ゴマ油は入れずに、食べるときにそのつど加えたほうが風味が落ちません。冷や奴やそうめん、カルクッシュ、モヤシごはん、豆腐のチョリムなどに使います。また、これに酢を加えたたれは、ジョン類などによく合います。

［材料］しょうゆ1カップ、長ネギ（みじん切り）大さじ2、トウガラシ粉大さじ1、おろしニンニク小さじ1、砂糖大さじ½、ゴマ油大さじ2、すりゴマ大さじ1

［つくり方］しょうゆに残りの材料をすべて加え、混ぜ合わせます。

ヤンニョンジャン

焼き肉のたれ

市販の焼き肉のたれとは、ひと味もふた味も違う極めつきのたれです。日もちがしますので、たくさんつくって活用してください。プルコギやカルビクイのつけだれにしてもよく合います。また、辛口がお好みなら、コチュジャンをプラスしてください。

［材料］A〈しょうゆ1ℓ、みりん2カップ、酒1カップ、砂糖500g〉、水1カップ、B〈皮をむいたニンニク2個、皮をむいて芯をとったナシ・リンゴとタマネギ各1個、ショウガ100g〉、レモン汁・ゴマ油各適量

［つくり方］①Aを合わせて一度沸騰させ、冷まします。

②水を沸騰させて冷まし、Bとミキサーにかけます。①を混ぜ合わせ、レモン汁、ゴマ油を混ぜます。

焼き肉のたれ

妻家房・四谷本店

レストラン併設ショップではキムチをはじめ、調味料、乾麺など韓国食材が豊富にそろう

東京・自由が丘店

埼玉・川口店

［妻家房（SAIKABO）］

RESTAURANTS

●四谷本店
〒160-0004　東京都新宿区四谷3-10-25工芸ビル1F
TEL 03-3354-0100　FAX 03-3353-6200
営業時間 9：00〜23：00（レストランは11：30〜）
年中無休
＊キムチ博物館、韓国食品・食材販売店併設

●自由が丘店
〒152-0035　東京都目黒区自由が丘1-8-21メルサパート3F
TEL 03-3724-0108　FAX 03-3724-0106
営業時間 11：30〜23：00
年中無休（ただしメルサパート閉館日は休み）

●川口店
〒332-0017　埼玉県川口市栄町3-5-15
TEL 048-240-0108　FAX 048-240-0138
営業時間 11：30〜23：00（平日は15：00〜17：00休憩）
年中無休

＊ほか

SHOPS

●川口そごうB1食品売場
●京王百貨店 新宿店MB食品売場
●伊勢丹 新宿店B1食品売場
●東急百貨店 東横店B1食品売場
●東武百貨店 池袋店プラザ館B2食品売場

＊このほかでも「妻家房」のキムチや韓国食材を販売しています

ホームページ

http://www.saikabo.com/

著者プロフィール

●呉 永錫（オウ ヨン ソク）

1950年、韓国・大邱生まれ。大学で化学を学んだあと1983年に来日、文化服装学院卒業。京王百貨店に8年間勤務したあと1993年、株式会社永明を設立し、代表取締役社長として「妻家房」の店名で韓国食品専門店、食堂を経営。また、伊勢丹や京王、東武などの百貨店（食品売り場）へ出店。妻・柳との共著に『[遊び尽くし] 絶品キムチ早わかり』（創森社刊）がある。

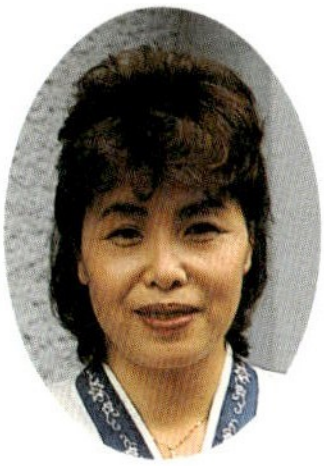

●柳 香姫（ユ ヒャン ヒ）

1952年、韓国・大邱生まれ。大学で食品栄養学を学んだあと、1985年に来日。家に遊びに来た夫・呉の日本人の友人たちを手づくりのキムチや料理でもてなしたところ大好評で、「妻家房」オープンのきっかけとなる。祖母も母も料理名人として知られ、直伝の味に独自の工夫を凝らした料理の数々は、多くの人を魅了している。百貨店など各所で、韓国家庭料理やキムチづくりの講師を務める。

デザイン――熊谷博人
撮影――熊谷 正
撮影協力――㈲八百勝商店
編集協力――桑原順子
サラスバティ

[遊《あそ》び尽《づ》くし] 妻家房《さいかぼう》の韓国家庭料理《かんこくかていりょうり》

2000年11月15日 第1版発行
2005年10月12日 第2版発行

著 者――呉《オウ》 永錫《ヨンソク》・柳《ユ》 香《ヒャン》姫《ヒ》

発行者――相場博也

発行所――株式会社 創森社

〒162-0805 東京都新宿区矢来町96-4

TEL 03-5228-2270 FAX 03-5228-2410

振 替 00160-7-770406

組 版――有限会社 天龍社

印刷製本――図書印刷株式会社

ISBN4-88340-089-1 C0077

HOMEMADE & COOKING

［遊び尽くし］シリーズ　●創森社

焚き火クッキング指南
かまどを作り、薪を拾って火を焚く。食材を煮たり焼いたりあぶったり……豪胆の贅を尽くす焚き火料理ノウハウ集。

A5判・144頁・定価（本体一二六二円＋税）　大森　博著

漁師流クッキング礼讃
とれとれの新鮮な魚介が手に入ったら、速攻を持ち味とする漁師料理にチャレンジ!!　超美味に思わず舌鼓を打つ。

A5判・144頁・定価（本体一二六二円＋税）　甲斐崎　圭著

炭火クッキング道楽
遠赤外線効果もあって、熱源としての炭が見直されている。肉、魚介、穀菜などの食材を生かした炭火料理の決定版!!

A5判・144頁・定価（本体一二六二円＋税）　増田幹雄編

九十九里発　イワシ料理
イワシの本場である千葉・九十九里町。ここで受け継がれたイワシの郷土食から新しい調理法まで、まるごと伝授。

A5判・112頁・定価（本体一一六五円＋税）　田村清子編

きのこクッキング王道
独特の香りがある天然キノコ。マツタケからシメジ、マイタケ、ナメコなど野趣満点のキノコ料理オン・パレード。

A5判・132頁・定価（本体一二六二円＋税）　きのこ満悦クラブ編

週末は鍋奉行レシピで
フンワリ立ちのぼる湯気、プーンと漂う香り……暑さ寒さをものともせず、一つ鍋の家の子郎党的「共食」を楽しむ。

A5判・128頁・定価（本体一一六五円＋税）　小野員裕著

燻製づくり太鼓判
〝煙の魔術〟によって肉、魚介などがオツな味に変身。つくる楽しみ、食べる喜びを体得する燻製クッキング入門書。

A5判・160頁・定価（本体一二六二円＋税）　大海　淳著

干物づくり朝飯前
手塩にかけてつくった無添加・天日干しの干物は、一枚一枚が実にうまい!!　新鮮な魚介でホンモノ干物づくりに腕まくり。

A5判・112頁・定価（本体一一六五円＋税）　島田静男著

とっておき果実酒　薬酒
季節を漬け込むお気に入り果実酒、秘蔵果実酒、ヘルシー薬酒などのつくり方を解説。野山の逸材を楽しむ芳醇ガイド本。

A5判・132頁・定価（本体一二六二円＋税）　大和富美子著

手づくりみそ自慢
国産大豆を使って仕込んだ無添加・天然醸造のみそ。栄養価にすぐれ、しかも安全でうまい。手前みそづくり早わかり本。

A5判・112頁・定価（本体一一六五円＋税）　辻田紀代志著

塩辛づくり隠し技
低塩分、無添加の自家製塩辛は、ごはんの友や酒の肴に打ってつけ。イカの塩辛、酒盗、このわたなどのつくり方を大公開!!

A5判・116頁・定価（本体一一六五円＋税）　臼井一茂著

お気に入りハーブ料理
五感で楽しむハーブ。味わうときには香りづけ、辛みづけ、色づけなどに大活躍。元気の素となるハーブ料理セレクション。

A5判・132頁・定価（本体一二六二円＋税）　佐俣弥生著

お手製ジャムはいかが
旬の果実を生かした手づくりジャム。独特の香りや甘さ、色合いがうれしい。材料の求め方、つくり方、楽しみ方を紹介。

A5判・116頁・定価（本体一二〇〇円＋税）　池宮理久著

豆腐づくり勘どころ
のどごしがよく、豆のほのかな甘みが広がる……有機栽培大豆、天然ニガリなどを使った究極のこだわり豆腐お手本。

A5判・116頁・定価（本体一二三八円＋税）　木谷富雄著

あざやか浅漬け直伝
旬の野菜を手軽にたっぷり摂れることで、人気ナンバーワンの浅漬け。材料の選び方からつくり方までの超簡単レッスン。

A5判・116頁・定価（本体一二三八円＋税）　針塚藤重著

無敵のにんにく料理
スタミナ抜群の食材にんにく。すぐれた成分と薬効を生かしきりたい。おいしく楽しいまるごとにんにくクッキング本。

A5判・112頁・定価（本体一三三三円＋税）　早川拓視著

絶品キムチ早わかり
まろやかな味とコクは伝統の漬けものの奥深さを教えてくれる。本来の素材・つくり方にこだわる本格キムチ早わかり本。

A5判・112頁・定価（本体一三三三円＋税）　呉永錫・柳香姫著

ことこと豆料理レッスン
豆の仲間は多士済々。老舗乾物屋の女将が粒より豆料理の手早いつくり方を紹介。とびっきり豆クッキング便利ブック。

A5判・132頁・定価（本体一二三八円＋税）　長谷部美野子著

創森社　〒162-0805 東京都新宿区矢来町96-4
TEL03-5228-2270　FAX03-5228-2410
＊定価（本体価格＋税）は変わる場合があります
http://www.soshinsha-pub.com

HOMEMADE & COOKING

［遊び尽くし］シリーズ　●創森社

手づくりハム・ソーセージ
風味抜群のウィンナー、品格ある正統派ロースハム。安全な食材をもとにしたハム・ソーセージづくりにチャレンジ!!

A5判・116頁・定価（本体一二三八円＋税）　松尾尚之著

手打ちそば天下一品
そば粉一〇〇%だからこそ、そば通をうならせる粋な風味、のどごし——生粉打ちそばの基本テクニックを大公開。

A5判・116頁・定価（本体一二三八円＋税）　池田好美著

皮までおいしいジャガイモ料理
ジャガイモは「皮まで愛して」が基本。まるごと皮ごと利用の大胆メニューから、おなじみホクホクレシピまでを会得する。

A5判・116頁・定価（本体一二三八円＋税）　梅村芳樹著

気楽に自然食レシピ
自然体の自然食こそ、日々の元気の素。身近にある旬の野菜、海藻、穀物などを生かし、滋養たっぷりの自然食を楽しむ。

A5判・132頁・定価（本体一二三八円＋税）　境野米子著

窯焼きピザは薪をくべて
ピザを薪窯で焼くのが本場イタリア流。窯づくりからピザ、バウムクーヘンのつくり方、焼き方まで指導する。

A5判・116頁・定価（本体一二三八円＋税）　バウムクーヘン・ピザ普及連盟編

お好み焼き免許皆伝
手軽さとおいしさから日本全国津々浦々で親しまれているお好み焼き。通もうなる感無量のお好み焼きのコツを一挙公開。

A5判・116頁・定価（本体一二三八円＋税）　お好み焼研修センター編

お茶漬け一杯の奥義
気を配ったお茶漬けは、胃にやさしく滋味豊かな一杯になること請け合い。定番から伝承茶漬けまでのオン・パレード。

A5判・116頁・定価（本体一二三八円＋税）　お茶料理研究会編

とことん煮込み術
大きな鍋でグツグツと煮る煮込みは、左党の垂涎の的。老舗の協力を得て、おいしい煮込みのつくり方を紹介する。

A5判・132頁・定価（本体一三〇〇円＋税）　煮込み探偵団編

極上ぬか漬けお手のもの
風味アップの材料を入れたぬか床のつくり方、キュウリやカブなどの定番から変わりぬか漬けまでのポイントを伝授。

A5判・116頁・定価（本体一二三八円＋税）　針塚藤重著

よく効く野草茶ハーブ茶
健康増進、ダイエットなどに効果のある野草茶、薬草茶、ハーブ茶。材料ごとに利用部位、薬効、つくり方、飲み方を解説。

A5判・136頁・定価（本体一二三八円＋税）　境野米子著

おかずみそ極楽図鑑
垂涎の的の焼きみそ、なめみそ、合わせみそのつくり方など、みそ本来のおいしい食べ方をとことん手ほどきする。

A5判・120頁・定価（本体一三〇〇円＋税）　みそ健康づくり委員会編

手づくりチーズ事始め
吉田牧場では牛飼いからチーズづくりまで夫婦で切り盛り。チーズのつくり方、食べ方、醍醐味などを紹介する。

A5判・120頁・定価（本体一三〇〇円＋税）　吉田全作著

雑穀つぶつぶクッキング
雑穀をおかずの食材とした創作料理や雑穀粉でつくる風味豊かなお菓子など、おいしい元気いっぱいのレシピ集。

A5判・144頁・定価（本体一四〇〇円＋税）　大谷ゆみこ著

貝料理あれもこれも
貝類は栄養豊富で消化にもよく、独特な旨みが万人受けの理由。代表的な食用貝の下処理から調理法、食べ方を紹介。

A5判・136頁・定価（本体一三〇〇円＋税）　臼井一茂編

国産小麦&天然酵母でパンづくり
素材にとことんこだわり、麦づくりからパンづくりまでを手がける著者。安全でおいしいパンのつくり方を具体的に紹介。

A5判・136頁・定価（本体一三〇〇円＋税）　片岡芙佐子著

おかゆ一杯の底力
しじみ旨くてヘルシーなおかゆ。組み合わせる具によって豪華にも質素にもなる。一一〇点の旬菜おかゆレシピ満載。

A5判・144頁・定価（本体一二三八円＋税）　境野米子著

国産&手づくりワイン教本
国産ワインの生い立ちや楽しみ方、日本全国おすすめのワイナリーを紹介。さらに自家醸造のワインづくりなどを手ほどき。

A5判・144頁・定価（本体一四〇〇円＋税）　澤登晴雄著

妻家房の韓国家庭料理
韓国の家庭料理は実に多彩で滋養に富み、野菜たっぷりのヘルシー食。簡単でおいしい韓国家庭料理のつくり方を紹介。

A5判・112頁・定価（本体一五〇〇円＋税）　呉永錫・柳香姫著

創森社　〒162-0805 東京都新宿区矢来町96-4
TEL03-5228-2270　FAX03-5228-2410
＊定価（本体価格＋税）は変わる場合があります
http://www.soshinsha-pub.com

HOMEMADE & COOKING

[遊び尽くし] シリーズ　●創森社

産地発 梅クッキング
日本一の梅産地・紀州の梅暦、梅仕事の勘どころと梅酒、梅干しづくりの基本、青梅&梅干し料理のコツを大公開。

A5判・112頁・定価（本体一二三八円＋税）　梅料理研究会編

日本茶を一服どうぞ
元来、心身をほぐしたり癒したりする日本茶。その成分、効用、飲み合わせ、さらに気軽な飲み方、いれ方を解説する。

A5判・116頁・定価（本体一三三三円＋税）　小川誠二著

にんにく丸ごとクッキング
パワーアップ食材にんにく。おいしく正しくダイナミックに、をモットーに、にんにく丸ごと料理&保存食のつくり方を紹介。

A5判・120頁・定価（本体一三三三円＋税）　吉田昌俊著

技あり 焼き肉指南
焼き肉の材料、焼き方、食べ方は百人百様。素材の見きわめ方、求め方から下ごしらえ、たれ、焼き方までを解説する。

A5判・112頁・定価（本体一三三三円＋税）　石原隆司・石原まり著

女将の評判おにぎり
横浜「元町梅林」の女将である平尾禮子さんがつくる多種多様のおにぎりが大評判。絶品おにぎりのすべてを手ほどき。

A5判・112頁・定価（本体1238円＋税）　平尾禮子著

HOW TO 炭火料理
直火焼きなら炭火に勝るものなし。穀菜、肉、魚介などの食材を生かし、コツをつかんで焼き上げるための極意を伝授する。

A5判・128頁・定価（本体一三三三円＋税）　炭文化研究所編

開け ごまクッキング
ごまは健康の維持・増進に欠かせない食材。栄養豊かなごまを使った料理や菓子のつくり方を紹介。ごまの魅力全開の一冊。

A5判・112頁・定価（本体一三〇〇円＋税）　岩崎園江著

まめに豆腐クッキング
定番の冷奴、湯豆腐から技ありの肉豆腐、豆腐ステーキ、麻婆豆腐などまで盛りだくさん。手づくり豆腐のコツも指南。

A5判・112頁・定価（本体一三〇〇円＋税）　長谷部美野子著

漁港発 イカ料理お手本
イカの種類や部位の特徴、用途、丸ごと一杯のさばき方を解説。さらに絶品イカ料理、塩辛、一夜干しのつくり方を紹介。

A5判・96頁・定価（本体一二〇〇円＋税）　三崎いか直販センター編

もっと手軽に昆布術
海からの贈り物・昆布はミネラルいっぱいの伝統食材。昆布の種類やだしのとり方、昆布入り調味料・昆布料理の勘どころを紹介。

A5判・112頁・定価（本体一三〇〇円＋税）　奥薗壽子著

ジャガイモ料理ほくほく
ジャガイモの品種や調理特性をとことん理解したうえで、手軽で楽しくおいしいジャガイモ料理にチャレンジする。

A5判・112頁・定価（本体一三〇〇円＋税）　梅村芳樹監修

ふ・ふ・ふのお麩レシピ
著者が繰り出すお麩レシピは、まさに圧巻。高タンパクで低カロリー、常温保存できる麩をとことん活用する。

A5判・96頁・定価（本体一二〇〇円＋税）　奥薗壽子著

産地発 たけのこ料理
京都・乙訓地域に受け継がれる若竹煮、炊き込みご飯などの定番料理、常備菜のつくり方と保存法をわかりやすく解説。

A5判・104頁・定価（本体一三〇〇円＋税）　並川悦子著

おくぞの流 おすし太鼓判
手がかかりがちのおすし。そこで「早くて小量OK、つくり方は超簡単、材料も安心・安全」の美味おすしづくりを提案。

A5判・96頁・定価（本体一三〇〇円＋税）　奥薗壽子著

あっぱれ梅酒梅干し
梅の主成分のクエン酸が消化を助け、整腸・殺菌・解熱作用を促す。梅酒・梅干しづくりの定番&完全マニュアル本。

A5判・112頁・定価（本体一〇〇〇円＋税）　梅料理クラブ編

創森社　〒162-0805 東京都新宿区矢来町96-4
TEL03-5228-2270　FAX03-5228-2410
＊定価（本体価格＋税）は変わる場合があります
http://www.soshinsha-pub.com